华夏智库·新管理丛书

总裁商道

尹校军 著

ZONGCAI
SHANGDAO

经济管理出版社

ECONOMY & MANAGEMENT PUBLISHING HOUSE

图书在版编目（CIP）数据

总裁商道/尹校军著. —北京：经济管理出版社，2016.7
ISBN 978 - 7 - 5096 - 4412 - 6

Ⅰ.①总… Ⅱ.①尹… Ⅲ.①企业管理 Ⅳ.①F270

中国版本图书馆 CIP 数据核字（2016）第 102132 号

组稿编辑：张　艳
责任编辑：赵喜勤
责任印制：司东翔
责任校对：张　青

出版发行：经济管理出版社
　　　　　（北京市海淀区北蜂窝 8 号中雅大厦 A 座 11 层　100038）
网　　址：www. E - mp. com. cn
电　　话：(010) 51915602
印　　刷：三河市延风印装有限公司
经　　销：新华书店
开　　本：787mm×1092mm/16
印　　张：13
字　　数：208 千字
版　　次：2016 年 7 月第 1 版　2016 年 7 月第 1 次印刷
书　　号：ISBN 978 - 7 - 5096 - 4412 - 6
定　　价：39. 80 元

前 言

目前，人们对于"企业总裁"这个概念有很多种解释，一般是指企业里最高的直接管理者，它的外在符号可能是董事长、CEO、总经理、老板、企业主等称呼。这些称呼本质上意味着他们是企业里最重要的责任承担者。据此，本书将"企业总裁"定义为"企业的创立者和最高领导者"，本书的内容也将围绕这一概念展开。

总裁是企业的"最重大责任承担者"，其承担着确认企业未来方向与战略的"决策责任"，这是无人可以替代的！

企业总裁就如同一支军队的首领。俗话说："兵熊熊一个，将熊熊一窝。"企业总裁可以在企业资源缺失时，以极为出色的个人能力和才华，突破资源不足的瓶颈，创造出超越资源极限的惊天伟业；也可能在企业快速的成长和发展中，受个人素质能力的制约，不能与企业的发展保持同步，而成为企业发展最大的阻力和"绊脚石"。如果总裁在取得一定成绩后，只是沉浸在权力的美好与个人私欲的扩张中，而不能时时意识到自身的责任与企业存在的风险，那么，企业将悄悄滑向失败的边缘。现实生活中大量企业失败的案例，都包含了总裁本人"责任丢失"的重大责任。

寻找企业未来的方向、目标和商机，永远是企业最重大的责任。虽然这是企业管理的基本常识，但事实上并非所有的总裁都能正确地理解和认识这一重大责任。确认企业未来的方向与目标，并不仅仅是企业的个体行为，而是需要将企业置于特定的社会环境下来思考；总裁的行为也不仅仅是其个人的行为，而是代表了企业的行为。企业任何重大责任的缺失，总裁都脱不了干系，而总裁个人责任使命感的缺失，将导致企业责任使命感的缺失。因此可以说：总裁商道决定企业成败！

　　事实上，企业总裁真正的责任只有两项：一是洞察未来的商机，确认企业未来的方向；二是如何实现企业目标和个人目标的统一。就企业本身而言，存在着多种不同性质、不同类别的责任，这些责任并非是平行的、无次序的，而是依据性质和轻重被排列成了从重大到轻微的次序。显然，企业总裁需要知道责任的次序，并有效地依据责任原则来承担。

　　基于上述认识，本书将从做人与经商的道德修养、有仁爱之心、晓大义、遵循经商规则、注重谋划、坚守诚信、生意拼搏、以稳求利、懂得变化、以质取胜、借助外力、注重企业文化等多方面结合大量案例及分析，全面、深入地阐释企业总裁的做人做事经商之道。全书理论与实践相结合，案例丰富，解读到位，观点独到，论述深刻，不失为企业领导者、管理者，以及有志于研究企业经营管理的爱好者的一本好书！

目　录

第一篇　德、仁、义、诚

资本具有逐利性，但只会赚钱、不顾社会公众利益的企业会遭到社会的唾弃，因此企业必须修炼商业道德，肩负社会责任，这也是对企业总裁的基本要求。企业总裁的商德修炼，包括道德修炼、以德服人、持续成长、立品立德，以及立己正身、修身养性等多方面内容。

商业世界，险境丛生，法则先行，最需要的就是仁爱之心。有人说成功源于曾失败过，其实最重要的是内心的仁爱，仁爱皆有，看你善用不善用。作为企业总裁一定要懂得：用仁爱之心实行人本管理，关心客户，一切以客户为导向，做一个为客户解决问题的专家，和气生财，笑脸相迎，感恩客户。心存仁爱，方得大成！

第三章 君子爱财，取之有道——晓大义才能生意兴隆 ………………… 32

所谓"君子爱财，取之有道"，要"有道"，就要深明大义，明晓事理，要从正道取财，拒绝不义之财。"有道"，就是淡泊名利，摒弃个人私心，切勿投机取巧，做本分事、赚干净钱，具有社会责任感，担当责任、成就事业。凡"有道"的企业，必是财源滚滚；凡"有道"的总裁，必能成就人生辉煌。

第四章 以诚居心，信者得救——诚信是经商最重要的守则 …………… 45

伟大的商业需要伟大的诚信，伟大的诚信造就伟大的商业。商业诚信守则包含了企业诚信、企业信用、优秀商人的契约精神、在细节中打造"诚信经营"金字招牌、用心做服务等方面的内容，这些都是企业无形资产的重要组成部分。

第二篇 规、谋、拼、稳

做人要讲原则，经商要讲规则。做人如果不讲原则，一切都无从说起；经商如果不讲规则，就丧失了商人的信用和人格，事业也必定昙花一现。做人原则和经商规则，具体体现在控制情绪、人事两分清、让个人情感在规则面前止步、遵守游戏规则、规矩与利益等。

第八章 沉住气方能成大器——步步稳赢才能持续获利 ·················· 92

步步稳赢慢赚钱、赚慢钱，坚持自己的步调慢慢积累财富，是"慢"时代重要的商业智慧。步步稳赢赚慢钱需要做的是：企业要将自己的核心业务"做精做美"；克服浮躁；打造专业精神；夯实主业；做好自检；发现别人忽视的市场利润空间。

第三篇 根、专、借、变

第九章 卖产品不如卖理念——文化，企业生存发展的根 ·················· 103

改革开放以后，我国的企业文化蓬勃发展起来，这表明企业文化的作用力与影响力越来越大。企业文化是企业生存发展之根本，它包含了做人与经商、企业文化建设与管理、企业文化落地、企业文化伴随产品与服务的传播、满足客户心理需求、经营人心等方面的内容。

第十二章　审时度势，以变应变——变则通，游刃商场要懂得变化 …… 138

市场非常现实，你以为看到了变化，其实是变化的结果，因此企业要懂得变化，做到以变应变。比如，密切关注市场的变化，以敏锐的目光发现商机，做今天的生意更要赚明天的钱，做客户需要的产品和提供客户想要的服务，善用新的科学工具，把握时代脉搏等。

第四篇　链、合、局、融

第十三章　融入生态链，撬动生态圈——互联网时代的共赢法则 ……… 153

商业丛林中的"坍塌"法则不仅会摧毁一个物种，甚至会摧毁一个生态链，应对这样的现实法则，需要企业把自己的根更深入地融入到商业生态链之中，并且运用互联网思维打造企业生态基石，企业领导者更要勇于撬动商业生态圈，不断进化演变，避免"坍塌"的发生。

第一篇

德、仁、义、诚

第一章　上善若水，厚德载物
——做事先做人，经商先修德

资本具有逐利性，但只会赚钱、不顾社会公众利益的企业会遭到社会的唾弃，因此企业必须修炼商业道德，肩负社会责任，这也是对企业总裁的基本要求。企业总裁的商德修炼，包括道德修炼、以德服人、持续成长、立品立德，以及立己正身、修身养性等多方面内容。

小赢靠智，大赢靠德

一个人在社会上打拼，依靠胜人一筹的处世手腕、精明的办事方法、精湛的专业技能等，固然可以出人头地，取得骄人的业绩，但是要成就伟大的事业，成为被世人广泛承认、崇拜以至景仰的人物，还要靠杰出的素质能力、优秀的思想品质，以及丰富的人格魅力。一句话：小赢靠智，大赢靠德。

商亦有道，人更有品。一个企业总裁，必须树立"大赢靠德"的思想理念，注意并加强自己的德行修养，让德行与业绩成正比，这样才能取得事业上更大的成功。仔细研究那些杰出的企业总裁就会发现，他们成功的过程或许各不相同，但有一点却是相同的，那就是都具有优秀的品德。

　　蒙牛集团创始人牛根生信奉"小胜凭智，大胜靠德"的经营哲学。在他看来，获得小胜利、赚小钱可以凭借自己的高智商、小聪明，但要拥有自己的大事业，拥有自己的一片天地，一定要有良好的品德。牛根生说："想赢两三个回合，赢三年五年，有点智商就行；要想一辈子赢，没有'德商'绝对不行。""小胜凭智，大胜靠德"这句话可以说是牛根生的人生写照。正是因为他具有这样的品行，才能够绝处逢生，成就一番大事业。

　　牛根生之所以事业步步走高，在很大程度上凭借的就是他的"德商"功夫。其实，世界上所有成功的企业家，都重信诺、有诚意、讲义气、宽厚待人。他们胸襟开阔、目光远大、意志顽强、百折不挠。他们为自己赢得了良好的口碑，赢得了众人的尊重、爱戴和追随。甚至他们的竞争对手和敌人，也不得不由衷地敬佩他们。

　　德，是一种境界，是一种追求，是一种力量，也是一种震慑邪恶、净化环境、提纯思维、吸引财源的动力。德者，人之立世根本，万物之理不背于德。有德之人，内心宁静，得到真正的人生意义和快乐，此为大赢；违背万物之理而豪取天下，则其人、其事都不会长久。

　　总裁的道德目标，就是老老实实做人、踏踏实实做事。这是总裁立身处世的法宝，也是总裁常胜不败的正途。无视这个目标，即便你有再多的聪明才智，或许可能得意一时，最终却一事无成，说不定还要栽大跟头；遵循这个目标行事，你才能成为一个举足轻重、魅力与实力并存的人。

　　总裁的道德行为，就是不断充实自己，迅速获取新知识；就是高瞻远瞩，确立企业的发展目标，及时做出正确的决策；就是用人不疑，疑人不用，给员工自由，充分发挥员工的积极性；就是鼓励创新，锐意开拓进取，为企业谋求更大的发展空间；就是诚信为本，品质为天，秉承这样的经营理念，一个企业就会处处传递出正能量；就是以诚待人，尊重员工，并具有接受意见和建议的胸怀和勇气；就是换位思考，设身处地帮助员工做出最合理的职业生涯安排；就是责任心强，对工作认真负责，勇于承担责任……德行铸就的总裁人格具有一种伟大而神奇的精神力量，足以使其身边的所有人受到感化，足以引领企业可持续发展、造福社会，并且成就自己的辉煌人生。

通往成功的路可以有千万条，如果非要找一条捷径的话，那就非优良的品德不可。反过来，过于研究"技巧"，过于钻营之人，也许能小有成绩，但绝不能走得太远。正如古人所云："凭智以谋，虽得犹败，厚德载物，以滋苍生。"

权力只能让人屈服，德行才能让人信服

《孟子·公孙丑上》中说："以力服人者，非心服也，力不赡也；以德服人者，中心悦而诚服也。"意思是说，以武力征服人，人不是真正心服，而是力量不足，抵抗不住；以恩德服人，人的心中高兴，是真心实意的服从。由此可见，权力只能让人屈服，德行才能让人信服。作为企业总裁，是否能够正确认识权力与德行的关系，决定了总裁权力的最终价值，也反映了总裁德行的优劣。

权力拥有者的道德秉性，决定了权力是善还是恶。权力具有工具性和价值性两大特征，当权力的工具性与价值性保持一致时，权力表现为"善"；当权力的工具性背离了价值性，或者价值性不能驾驭其工具性时，权力则表现为"恶"。判断权力"善"与"恶"不是最终目的，权力"为了谁"的问题才是明确权力与德行之间关系的意义所在。凡权力，应该是一种促进社会进步的力量，公司里总裁的权力也是如此。

所谓总裁，就是公司有裁决权力的人，他的工作是汇总、裁决公司重大事宜，如裁人等人事安排。他是公司的行政负责人，是公司管理层的"头"，全面负责公司的一切事务。包括总裁在内任何权力主体的道德心理对权力滥用的制约，是一个逐渐的演变过程，这一过程主要包括三个阶段：畏惧感阶段、义务感阶段和羞耻心阶段。权力主体如果没有责任心和羞耻感等基本的道德心理作为保障，那么公司乃至社会的民主法治就难以实现，有了道德的心理防疫，才能从根本上防止权力的滥用。

心理防疫就是人格魅力。企业总裁基于权力之外的人格感染力，是一种能让员工

敬佩、热爱、信服的感召力，既是总裁的隐形素养，又是总裁受用终身的宝贵财富。企业总裁凭借德行让人信服，就需加强自身人格修养，增强人格感染力。具体来说，应该做到以下几点，如表1-1所示。

表1-1 企业总裁的自身人格修养

人格修养	内 容
以德服人	具有高尚品德、宽广胸怀、过人学识以及高超才能的总裁，不但受到人们的敬仰和信服，而且其身上表现出的领导魅力和感召力，对有德有才之人也会产生磁铁般的吸引力，带来人智、人力、人气的汇聚。做到胜不骄，败不馁，处变不惊，沉着镇定，就会给人以示范和引导，稳定人心，驾驭全局
以诚服人	总裁作为团队人际环境的重要缔造者，必须做到以诚待人。与人共处要放下架子，善于深入一线，以主动的姿态，真诚的态度，风趣的言谈，树立平易近人的形象，使员工敢于敞开心扉，直言不讳，真心沟通。要及时了解员工意愿，感应员工情绪，与员工建立起手足情、鱼水情。要尊重员工的意见建议，让员工时时处处都享有自尊和主人翁的责任感
以身服人	身教胜过言传。要求别人做到的，自己首先必须做到，要求他人不做的，自己率先不做，以实际行动去影响人、激励人。如果只会夸夸其谈，说得多，做得少，就会让员工失望，挫伤员工的积极性，导致离心力增强。总裁言行一致，以身作则，必能产生既威严又亲切的感染力，在无形中提高自己的威望
以情服人	襟怀开阔，虚怀若谷，以情动人，能容人、容事、容言，是总裁必备的素养和美德，是具有人格感染力的体现
以公服人	坚持公平公正，有利于营造公平竞争、团结协作的良好氛围。总裁在处理事务时，应不论个人好恶，不论亲疏，做到光明磊落，一碗水端平；工作中有功必赏，有过必罚，功过分明；用人时知人善任，任人唯贤；处理矛盾时，秉公办事，不亲此疏彼；行使职权时，客观公正，实事求是，不被个人好恶、利害所左右，不为迎合讨好他人随波逐流；涉及责任时，严于律己，主动承担责任；对员工有失公正的行为，严肃批评、及时纠正，做到放手不放纵，宽容不纵容

总之，权力如果不讲道德秉性，就会违规，也必有风险。手握权力的企业总裁若不讲道德秉性，就会危害企业，危害员工，危害社会经济。只有让权力乘上德行之舟，加强道德修养，才能真正使自己成为"一个高尚的人，一个纯粹的人，一个有道德的人，一个脱离了低级趣味的人，一个有益于人民的人"。

自掘坟墓小聪明，持续成长靠德行

聪明有大小，智慧看德行。一个人若心术不正，为达目的不择手段，投机取巧，即使小有成就，也会毁在自己手里，正所谓"机关算尽太聪明，反误了卿卿性命"！一个人如果注重道德修养，就会赢得众人的尊敬，也会拥有美好的未来。因此，小聪明等于自掘坟墓，唯有德行才能实现持续发展。

如果把智慧跟聪明画等号，那跟道德就毫无关系。道德是由"道"和"德"两个字组成的，人的真正智慧来自于对"道"的领悟，而对"道"领悟得多少、深浅，则界定了一个人智慧的大小、境界的高低。同时，真正的智慧，也离不开人的"德"，德既通智慧，又能换来福分。

道德是人的内在修为，智慧是外在表现，道德是智慧的前提。一个人可以不聪明，但是他宽厚的德行依旧能赢得他人的尊敬，这是智慧；一个道德有问题的人，即使再足智多谋，也无法用他的聪明来弥补他的过错，他的所谓的"足智多谋"也不过是小聪明而已。简言之，德行有可能弥补聪明的缺陷，进而上升为智慧；而聪明却填补不了德行的空白，没有智慧的聪明就是小聪明。这就是聪明与德行的关系。

绝大部分成功的总裁是有大智慧的总裁，而拥有大智慧的总裁大部分也能够取得成功。对于现代企业总裁来说，需要具备智、信、仁、勇、严、知六大智慧，这是优秀总裁的第一个主观条件。

智，就是智慧。总裁的智慧体现在企业的战略、谋略、商业模式等方面。总裁手中把握的是企业生存、发展的命脉，如果没有过人的智慧，那么他所带领的企业前景必将暗淡。"知识就是力量"这句话里包含着"知"与"能"，"智"正是让我们正确地把知识运用到管理之中，并将其转化为力量发挥能量，而总裁则恰恰需要运用自己的智慧合理地管理和利用资源，使之发挥能量为企业所用。当然，总裁还必须是一位巧于借用别人力量和智慧的能手。

美国前国务卿基辛格有一个习惯，凡是下级呈报来的工作方案或议案，他先不看，压几天后，把提出方案或议案的人叫来，问他："这是你最成熟的方案吗？"对方思考一下，一般不敢肯定是最成熟的，只好答说："也许还有不足之处。"基辛格便会叫他拿回去再思考和修改得完善些。过了一些时间后，提案者再次送来修改过的方案，此时基辛格才会看阅，然后问对方："这是你最好的方案吗？还有没有别的比这方案更好的办法？"这又使提案者陷入更深层次思考，把方案拿回去再研究。他就是这样反复让别人深入思考研究，用最佳的智慧，达到自己所需要的目的。这是基辛格的一手高招，反映出他的一种成功的诀窍。

信，就是信用。"信"是为人为事之根本所在，"信"虽无形，但却是一种宝贵的财富。自古经商之道在于一个"信"字。对于现代企业来讲，金钱的损失是可以计算挽回的，而一旦失去信誉，所造成的损失却是难以计算甚至不可挽回的。企业的管理者也是一样，一旦失信于员工，那么所带来的后果不仅是人格和威信的下降，更是要承受在管理中无法得到员工认同和支持的恶果。

日本商人藤田研究学习犹太人生意经有术，他与美国犹太商人做生意，宁可亏本也要按合同规定时间交货，因而赢得了"银座犹太人"的称誉。整个犹太人生意界都信任他，与他大做生意，他因而发财致富。

仁，强调的是人性化管理。仁能服众，作为一名管理者，在管理过程中得到大家的支持、把众人团结到自己的身边来是必要的也是必需的。管理中的"仁"更多地则体现为一种"双赢"，管理者赢得管理，而员工则赢得利益。简单来说，管理并非为"管"而"管"，而是为"理"而"管"。

一家日立公司内设了一个专门为职员架设的名为"鹊桥"的"婚姻介绍所"。有个叫田中的员工刚进公司，便在同事的鼓动下，把自己的学历、爱好、家庭背景、身高、体重等资料输入"鹊桥"。有一天，同在日立公司当接线员的富泽惠子从电脑上"走"下来，走进了田中的生活，他俩的第一次约会，是在离办公室不远的一家餐厅里共进午餐，这一顿饭吃了大约 4 个小时，不到一年，他们便结婚了，婚礼是由公司"月下老"操办的，而来宾中 70% 都是田中夫妇的同事。有了家庭的温暖，员工自然就能一心一意扑在工作上，由于这个家是公司"玉成"的，员工对公司就不仅是感恩了，而是油然而生一种"鱼水之情"。这样的管理成效是一般意义上的奖金、晋升所无法企及的。

勇，强调的是勇于决断，善于决断。总裁如果没有迎难而上、乘风破浪、历险前行的"勇"，则无法带领团队有所作为。管理中的"勇"并非独立存在，而是与"道"和"智"相辅相成。何为大智大勇？难不畏险，进不求名，退不避罪。管理是艰险的路程，当遇到困境和非议时需要"勇"，在这个时候的"勇"就是不畏艰难险阻，始终坚持自我，向正确的方向前进；当工作中取得成绩之时同样需要"勇"，这时的"勇"就是不居功、不贪恋名利；而在工作中遭遇失败之时更加需要"勇"，这时的"勇"则是不推脱责任，反省自己，承担并改正错误。

已故世界船王包玉刚，在 1956 年由于苏伊士运河关闭，海运业务十分兴旺，别人劝包玉刚也去那边搞航运时，包玉刚自有主意，他照旧紧紧抓住东南亚的货源，避免去与西方大船主直接竞争。正如包玉刚所料，十几年后，埃以休战，苏伊士运河重新通航，西方大批商船过剩。而包玉刚却背靠中国，主要经营东南亚航运，占尽天时地利人和，其航运事业步步上升，终于成为世界第一船王。

严，就是严明纪律。只有严格遵守规章制度，才能使企业上下井然有秩序，保证工作任务的完成。总裁在管理中也应该有三严：其一，法令严。在管理中如果没有严格的规章作为规范和约束，企业就没有规矩，纪律必然松散。其二，赏罚严。在管理中如果没有明确而严格的赏与罚，那么就会缺乏激励和制约，其法令必然难以贯彻执行。其三，律己严。作为管理者，总裁如果在企业中无法做到严于律己、宽以待人，那么必然无法服众，传达的命令也无人遵从。

日本松下电器公司前社长山下俊彦的《山下俊彦经营语录》中就有一条："职员们要生存下去，应当欢迎严厉的领导。"日本佳能公司的照相机之所以赢得全世界广大摄影家们的好评，在激烈的国际照相机市场竞争中占据优势，其中一个原因就是严格的质量管理制度。

知，就是学习力，这是总裁必备素养。有些总裁追求所谓事业的成功，整日忙于交际应酬，基本不读书。其实，知识匮乏，见识肤浅，就谈不上智慧、感悟和境界。

万向集团的鲁冠球一般不陪客户吃饭，不在外过夜，挤出时间都用来学习。因此，只读过初中的鲁冠球，已有多篇论文在《人民日报》、《求是》、《光明日报》、《经济日报》等发表，成为一个出口成章并著书立论、能写会说的"农民理论家"。

总之，只有具备了"智、信、仁、勇、严、知"六德的经济人才，才能在经济活动中发挥出良好的作用，才能成为高水准、有智慧的企业总裁，带领企业实现可持续发展。

经商的根本便是立品立德

立品就是修身养性，树立好的品德。立德，就是树立德业，就是为企业创建做人的准则，制定企业发展的制度等。立品立德，是经商的根本。企业总裁是否注重立品立德，决定了企业的未来走向，也决定了企业的成败。

钟林滔是东莞市寮步医院团支部副书记、普外科主治医师。他经常对同事说："做事先做人，行医先立品。"从医 16 年，钟林滔一直工作在临床第一线，脚踏实地，兢兢业业地无私奉献着，受到同事们的尊敬和称赞。他家离医院较远，但不管春夏秋冬，他都坚持每天提前 15 分钟来到办公室，第一件事就是穿好白大褂查看病房，为病人讲解病情，替病人换药，嘘寒问暖。至于三更半夜从家赶回医院参与抢救早已是家常便饭了，在同事们眼里，钟医生和他的手机一样都是 24 小时待命的，只要有需要，他就保证随叫随到、风雨无阻。

20 世纪 90 年代初，微创腹腔镜技术开始引入我国并应用于临床，其凭着创口小、痛苦轻、康复快、费用低等优点迅速引起了医学界的关注。作为科室青年技术骨干之一的钟林滔主动请缨到上级医院进修学习该项技术。进修期间，他废寝忘食地刻苦钻研。"啃"资料、打电话、与同行交流，遇到难题硬是"缠"着专家、教授请教……就连进修医院的教授都被他孜孜不倦的求知精神所感动。天道酬勤，进修期满时，学成归来的他已熟练掌握微创腹腔镜手术技术，成为一名拥有多年经验的多面手。在他和科室其他同事的共同努力下，寮步医院成为东莞市最早成功开展微创腹腔镜胆囊切除、治疗胆囊炎、胆囊结石的医院，取得了良好的社会效益和经济效益。科研项目《腹腔镜胆囊切除术 6 例》于 1995 年荣获东莞市科研成果三等奖。

钟林滔"做事先做人，行医先立品"的理念和实践，也是企业总裁应该学习的。企业总裁的"立品"，体现在经营活动中就是树立德业。

企业家树立德业，要做到以下几点，如表 1-2 所示。

表1-2 企业家树立德业的要求

事 项	内 容
树立德业，应该合法、正道经营企业	企业要始终坚持合法经营，正道发展，关心政策与趋势背后的社会需求，经营要合乎社会规范，响应社会对企业的期望，注重企业在动态社会中的长期角色，在面临社会道德与价值观转变时主动进行自我调整
应该肩负起社会责任	企业要将造就民生福祉作为企业存在的终极依据。以大爱为逻辑起点，以学习创新为成长发展的保障；以提高行业发展、带动就业、推动社会进步为使命，履行社会责任。此外，要注重管理团队及员工团队建设的进步意义，以助力企业参与社会良性竞争
应该强调顾客价值呈现	顾客价值是顾客通过购买商品所得到的收益和顾客花费的代价（购买成本和购后成本）的差额。企业经营过程中，要从潜在顾客价值、知觉价值、实际实现的顾客价值等层面对顾客价值进行考察，据此尽最大可能地满足客户需求。企业也应该注重股东及合作伙伴的价值，回报股东及合作伙伴，是企业成就伟业的不竭动力
要注重企业文化的构建	企业文化的核心是企业价值观所体现的企业精神。企业精神是企业价值观、经营哲学、员工思想道德、心理状态等各方面的有机结合与呈现。企业文化是企业之魂，是组织性格的深层诠释。企业文化的构建，不仅与企业制度的管理构成一个互补的整体，而且可以独创一种管理意境，以一种柔性管理的文化形态，构筑个性约束与柔性导向相结合的管理机制，从而使企业在未来激烈的市场竞争中获得韧性和主动性。这样的价值观和企业精神，将在增强企业内部凝聚力、竞争力和开拓力方面，起到举足轻重的作用

总之，经营活动中的"立德"建设，应该合法、正道经营企业，肩负起社会责任，注重呈现顾客价值，构建企业文化。新时代企业总裁应该在注重"立品"修养的同时，把"立德"，即树立德业作为自己光荣的使命。

立己正身，修身养性育大德

立己，即存心养性、立修身之德；正身，即端正自身，强调修身。立己正身就是以身作则，用自己的行为表现来做榜样。立己正身是一个人立于世间的根本。

正己，最重要的是正心，即有"公心"。要有"公心"就得"去私"。在生活享受方面，不能无节制，一味贪图声色之好、货物之求。无欲则无求。无求者，所以成其俭。无欲而俭是福，不知足而奢是祸。心正心邪，直接关系到吉凶祸福，所以不能掉以轻心。

正己，要行"公道"、立"公制"。"公道"主要用来解决权利之争，"公制"则有某种约束性质。如果社会都讲公道，则可以使天下之志通，则可以达到天下大治。正如西晋时期的文学家、思想家傅玄所说："公道行则天下之志通，公制立而私曲之情塞。"

"公心"、"公道"、"公制"三者之间，存在着一种递进关系，即有公心，必有公道；有公道，必有公制。其共同点是"去私"。企业总裁应该按照儒家的伦理道德主张，修身正心，去私立公，实现人性化企业管理。

立身，其核心含义就是讲究诚信。诚实守信是立身之本，是处世之根基。中华民族历来把诚实守信作为立身处世之本。许多经典著作中都谈到"信"的重要性：《论语》中有"言必信，行必果"、"人而无信，不知其可也"；《礼记》中有"不宝金玉，而忠信以为宝"……这些重要的论点都说明为人处世必须守诺言、讲诚信。

重承诺、守信用是企业经营活动道德的基本要求，是企业信誉的基础。有头脑的总裁们都十分清楚这一点，他们在利益与信誉发生矛盾时，甚至可以为了维护信誉而放弃利益。

在世界第40个地球日，由中国企业家俱乐部携手野生救援协会联合发起的"保护鲨鱼，拒吃鱼翅"公益倡议行动在京举行。王石、冯仑等代表数百名企业家积极呼吁，从自身做起"保护鲨鱼，拒吃鱼翅"，用行动影响鱼翅的主力消费群体，并签署了"我不吃鱼翅、我不以鱼翅为礼品送人、以自己积极的行动影响身边的亲人和朋友"的宣言承诺，供公众监督。此外，还有包括柳传志、李东升、马云等百余位商界精英共同在该项宣言承诺上签名积极响应。

这些人都是大企业家，他们在这种公开场合做出如此承诺，不禁令人信服。因为只有重承诺并守得住承诺的人，才会有这样的自信，做出这样的举动。一个守不住承诺的人如果在这样的场合许下承诺，那是很容易被人抓住把柄的。而商场就是讲究一个"信"字，自己说过的话都做不到如何让别人信任你。

在市场竞争中，谁能够坚守到最后，谁就是胜利者。老话说，对人以诚信，人不欺我；对事以诚信，事无不成。如果你是一个说到做到的人，那你带领的企业会因为有你而更加精彩。

修身，就是净化和纯洁心灵，使身体健康；养性，就是保护和涵养天性，使心智本性不受损害。修身养性，就是通过自我反省体察，使身心达到完美的境界。

修身养性是为人处世的智慧，还是保持平常心之所悟。对此，绝大多数总裁都会异口同声地说赞成，但是实施起来就常有尴尬。就像弗洛伊德分析的那样，他认为，人格是由本我、自我和超我三部分组成。他把人的生活本能的势力或能量叫做"利比多"，并把这些本能叫做"伊特"，或称为"本我"。自我是实现了的本能，超我是道德化了的自我。本我的各种不符合社会现实的冲动，受到超我指导下的自我的压抑，人的内心本来就充满着矛盾。因而，修炼成高尚的人格绝非易事。

由此可见，完善人格的形成，需要许多磨炼。只有经过磨炼才能形成一种内部和谐，并与外部取得协调的健康心理。没有这种内外和谐的心理结构，总裁的人格魅力就不可能突显。因此总裁的权威必定根植于修身养性，否则就只能是无根之木，无本之花。

总之，通过立己正身，修身养性，可以培育大德。一个企业总裁注重立己正身，修身养性，就有机会成为一个品德高尚的总裁。

案例分析：中国电子连续五年发布《社会责任报告》

中国电子信息产业集团有限公司（以下简称"中国电子"），成立于1989年5月，是中央直接管理的国有独资特大型集团公司，是中国最大的国有 IT 企业。以提供电子信息技术产品与服务为主营业务，是中国最大的国有综合性 IT 企业集团。中国电子旗下拥有 36 家二级企业和 15 家控股上市公司，员工总数逾 11 万人。

2015 年 7 月 24 日，中国电子在北京发布 2014 年度企业《社会责任报告》。经中国企业社会责任评级专家委员会专家组评定，该年度报告获五星级报告评价，是一份卓越的企业社会责任报告。中国电子社会责任工作由集团公司社会责任工作部牵头，从 2011 年起，已连续五年发布社会责任报告，准确、详细地向利益相关方传达中国电子的责任管理与责任实践。

2015 年的《社会责任报告》从 4 月起开始筹备，通过成立报告编写组，联合外部专业机构，对公司高管和部门负责人专访、按业务板块召开企业视频圆桌会议、组织企业参与优秀社会责任实践案例评选等方式，广泛动员，充分沟通，好中选优，实事求是，使责任理念、责任实践、责任沟通贯穿报告编制全过程，提高了效率。编制历时三个月圆满完成，集团公司高层领导亲自参与报告启动、推进及审定工作，注重过程控制，促进集团上下形成了人人关注责任、重视履责的浓厚氛围。

2015 年的《社会责任报告》设计新颖，充满现代气息，用"董事长问答"、"中国电子 2014"、"责任创造价值"、"强国　引领产业发展"、"惠民　创造共享价值"、"绿色　建设生态文明"、"协同　坚持互利共赢"主体脉络以及"创新　驱动未来发展"等篇章，突出企业在拓展创新渠道、丰富创新内涵等方面的履责实践。报告同时发布 H5 版形式，满足当前信息社会移动终端用户的阅读需要，既有科技含量，展现时代风貌，又简洁大气，体现责任担当，成为 2015 年中国电子社会责任报告的一大新亮点。

作为中国最大的综合性国有 IT 企业集团，中国电子在中国电子史上创造了众多"第一"：中国第一部国产收音机、中国第一套卫星通信地球站、中国第一套 UPS 电源设备、中国第一台国产微型计算机、中国第一条国产录像机生产线、中国第一条 8 英寸集成电路生产线、中国第一部品牌移动电话、中国第一台 60 英寸液晶背投影多媒体显示器、中国第一台具有自主知识产权的等离子电视……

经过 20 多年的发展，中国电子打造了独具特色的企业文化：经营理念——知变图新，诚达天下；发展原则——精诚合作，共赢未来；社会义务——以人为本、科学发展，以创新的技术、优质的产品、诚信的经营服务社会，积极参与扶贫援疆、捐资助学、资助文化教育事业等社会公益活动，不断践行着自己对社会的承诺；公司使命——致力于用先进适用的电子信息技术和产品服务社会，提供员工实现职业梦想的平台。"创新中国电子，奉献信息未来"是中国电子不懈的追求，中国电子愿以不断的努力和创造，为人类社会的进步与发展提供最有价值的服务。

（来源：根据"第一文库网"2011年11月7日《中国电子首次对外发布社会责任报告》改写）

第二章　宽容仁爱，仁者无敌

——经商就要有仁爱之心

　　商业世界，险境丛生，法则先行，最需要的就是仁爱之心。有人说成功源于曾失败过，其实最重要的是内心的仁爱，仁爱皆有，看你善用不善用。作为企业总裁一定要懂得：用仁爱之心实行人本管理，关心客户，一切以客户为导向，做一个为客户解决问题的专家，和气生财，笑脸相迎，感恩客户。心存仁爱，方得大成！

心存仁爱，才能做到真正的人本管理

　　所谓人本管理，就是以人为中心的管理。企业经营的根本是人，变数是人，成败也取决于人，因此应该回归到经营的原点——人的身上。以仁爱之心关心职工的切身利益，是实行人本管理的前提。作为企业总裁，需要继承中华传统文化中的仁爱思想并认真学习，才能心存仁爱，从而真正实现人本管理。

　　"仁爱"是儒家思想的核心。孔子非常推崇仁爱，认为"仁"是完美人格标准的基础。据《论语》记载，孔子的学生子张问孔子何谓"仁"，又如何做到"仁"时，孔子曰："能行五者于天下，为仁矣。"请问之。曰："恭、宽、信、敏、惠。恭则不侮，宽则得众，信则人任焉，敏则有功，惠则足以使人。"两千年前孔子的"仁爱"思想对今天社会中的每一个人都有更加实际的意义，企业总裁能够做到"恭、宽、信、敏、惠"这五点，对于实行人本管理将有莫大的助益。

孔子的"恭则不侮"，是说对别人毕恭毕敬，就会保持生命的尊严。

谦恭是一个管理者应该具备的基本素质之一。企业管理中，管理者谦恭的态度不仅可以得到大家发自内心的赞同，同时可以得到很多重要的思想、信息。

IBM曾经就因为官僚作风导致上面的领导听不到下面的声音，听到了声音也不予理睬，因此，不断决策失误，使企业严重亏损。新总裁郭士纳上任后，因为其对IT业务是"门外汉"，于是谦恭地向各个部门了解与学习，同时认真倾听大家的意见、建议，甚至虚心地向保洁人员求教。骄傲自大的IBM对郭士纳这个对电脑一窍不通的总裁从最初的小视与不信任，逐步转变为拥护、信赖。慢慢地，由郭士纳带来的这股谦恭、务实的作风逐步由上层扩展到中层、下层，因为谦恭地听取组织的各方意见，使IBM的决策不仅正确，符合市场需求，而且行动变得迅速，内部员工的积极性也被充分调动起来，谦恭的清风吹化了IBM沉积多年的傲慢官僚作风。

孔子的"宽则得众"，就是对人的宽容，越能宽容他人，就能获得更多人的爱和支持。一个真正宽待他人的人，可以拥有最广泛的社会基础，最多的朋友，最多的仁爱。一个"宽"字小到能让你很好地修身、齐家，大到可以使你成功地治国、安天下。

在现代企业管理实践中，"宽则得众"体现为鼓励员工创新，即使失败也不会受到惩罚；员工第一次犯错可以不受到处分；员工可以在特定环境下替公司做出决策；组建企业智囊团等都是一个宽容公司的特征，这样的公司员工也多具有很强的责任心与工作热情。

孔子的"信则人任"，是说谁有信誉，做事守诺言，谁就会得到他人的信任。孔子甚至说过"人而无信，不知其可也"，如果一个人没了诚信，不知道这个人还能做什么。

在企业经营实践中，把"信"字时刻放第一的位置，是成就百年品牌的基本元素之一，而企业是否能做到诚信为商，又取决于企业的文化，企业诚信文化的建立与落实，其关键因素就在企业领导者身上。

有一家小工厂受到金融危机影响，被迫倒闭，该工厂的老板没有像其他工厂那样，倒闭了就溜之大吉，扔下一堆债务，更不要说支付拖欠员工的工资了。这位老板不仅在工厂倒闭后偿还了所有债务，并且借钱为员工发工资，这让员工们非常感动，都表示，如果这位仁信的老板再开工厂，一定都来为其打工，媒体也都给予了高度关注。在这个诚信缺失的社会中，在这个金融危机的寒冬中，这位老板让我们感受到了一丝温暖。对他而言，虽然为了信用而付出了很多，但是却收获了一笔更大的无形财富，他将来东山再起时也必将走得更远，做得更大。

孔子的"敏则有功"，是说谁用智慧提升自己的劳动效率，谁就会建功立业。

在今天来讲，无论是在企业内部管理上还是外部市场竞争中，敏捷的速度都是很重要的。

当年，组织庞大的 IBM 总裁郭士纳提出了要让"大象跳舞"，就是基于敏捷迅速的经营战略，最终成功地通过提高组织效率增强了企业竞争力。而郭士纳能够做到这点，也是由于其本人就是行动敏捷迅速、做事果断的人。

孔子的"惠则使人"，对于一般做领导的人而言，就是说一个人有恩惠之心，才足够调动别人的积极性，让别人为他所用。

作为一个团队的领导人，他要用一种慈善的、恩惠的心对每一个下属，在精神价值上去肯定每一个人，在金钱和物质利益上去跟每一个人分享，谁有这样的心，就会让别人忠于他，他才能使用别人。比如，一名新员工要熟悉并胜任工作岗位，必须有一段时间，而这段时间所能产出的劳动价值是很低的。而一些核心人才的离去恐怕在短时间内很难有人能顶替，给企业造成的损失远高过少付出的薪水。因此，对于企业的核心员工、关键岗位的员工，不应吝于支付丰厚的酬劳，因为这样不仅能为企业节约很多隐性成本，而且会增强员工的向心力与归属感，会为企业带来丰厚的市场回报，尤其是当企业陷入困境的时候，这些高忠诚度的员工会成为企业度过危机的最好帮手。

从以上的"仁者五行"可以看出，孔子对"仁"的标准要求很高，一个人很难兼具以上五点，但是，作为一个企业总裁，只要向着这五个方面去努力，就一定会对自己的管理、营销工作，甚至是生活、处事有莫大的助益。其实，两千多年前的智慧，完全可以启迪今天的我们走向成功。

关心客户其实就是在呵护自己事业的成长

客户既指直接客户，也包括间接顾客。直接客户是最终的消费者、代理人或供应链内的中间人，间接顾客是与这些人有关联的所有人。事实上，从产品原材料到生产再到渠道最后到消费者，这个链条有很多直接和间接的合作者，他们都是客户，他们的传播在某种程度上决定企业的发展。因此可以说，关心客户其实就是在呵护自己事业的成长。

在现代企业经营实践中，所有客户都与企业有关，企业不仅要关注直接客户，还需要关注其周围的相关联人群，即间接顾客。在这方面，江苏迈能高科技有限公司走在了前面。

江苏迈能高科技有限公司（以下简称"迈能高科"）作为专业搪瓷内胆生产企业，一直与房地产商紧密联系。不仅在行业内进行传播，更重要的是行业外推广，多次带领国内优秀房地产商到国外考察，了解国际先进的技术和理念。很多房地产开发商对太阳能热利用系统不是很了解，存在误解，或者干脆拒绝。迈能高科多年来无数次与他们沟通，传播环保节能及太阳能与建筑结合的理念，提升他们对太阳能热利用产品的认知度，鼓励他们安装使用该产品。用不用迈能高科的产品其实关系不大，关键是这个行业被房地产开发商接受，市场份额就会几十倍甚至几百倍放大。再者，迈能高科凭借过硬的产品质量，卓越的售后服务，已经成为多家房地产商采购的指定产品。最后，迈能高科不做终端产品，有相关的工程项目介绍给客户——太阳能热水器整机企业，项目一被客户拿到，迈能高科作为配角自然入围。

可见，企业要在间接客户中建立强有力的阵地，最终把他们变成自己的客户。这其实对直接客户也是一种支持，更有利于双方保持长期的合作。

在客户价值日益重要的今天，企业如何才能做好客户服务，为客户创造价值呢？一是在人员配备、战略战术、操作流程等方面要完美配合。二是要考虑承受一些开支，也就是客户服务费用，这可能是很多企业不愿意做的，毕竟无法直接见效，弄不好会"赔了夫人又折兵"。但是，企业投入客户服务费用，终将得到回报。三是坚守价值观，不能破坏产业链的关系，比如不能看到利润空间大就开始与现在的直接客户竞争，这样才能得到客户的信赖。

总之，企业总裁一定要深知：关心客户其实就是在呵护自己事业的成长。随着竞争环境不断变化，要在战略规划和营销策略等方面进行调整，要更多关注产业链上下游关系。这种策略其实更胜一筹，看似不为自己反而成就了自己。

用心阅读客户，一切以客户需求为导向

"顾客就是上帝"已经成为企业界的流行口号。要服务于上帝，首先必须了解上帝都有些什么喜好和习惯。只有用心阅读客户，一切以客户需求为导向，才能真正做到为上帝服务，让上帝满意。

服务透明是厂家义不容辞的责任。一汽丰田根据用户需求，在售后领域不断推出独具特色的服务项目和活动，不断改善，全面提高对车主、对车辆的服务能力。

2013年8月，一汽丰田先后在杭州、长沙两地举行"自己动手的快乐，我车我修"活动，在业界开创了售后服务维修体验的新尝试。此活动通过客户与一汽丰田售后服务项目的全面接触，在透明化的体验中，让客户感到安心、放心、省心，还有一汽丰田的诚心。更别出心裁的是，活动的三个环节设计中融入了一汽丰田各项服务——"我希望售后服务'又快又好'，能让我放心"、"我希望给我服务的技师技术好，也能陪我聊天"、"我感到远程服务'雪中送炭'，能省心"，成为车主"对话"售后服务的最佳平台。

让客户安心、放心、省心，一汽丰田始终以客户需求为导向的诚信服务建设，陪伴车主的车生活。通过"自己动手的快乐，我车我修"杭州站、长沙站的活动，车主们深切感受到一汽丰田的这份诚意：无论是服务品质，还是服务价值，一汽丰田都在尽心尽力为客户送上一份安心的用车体验。一汽丰田开展的透明化服务体验给不少客户吃了颗定心丸，在为客户提供服务的同时，也接受客户的监督，其诚心也随之展现。

明明白白消费是消费者的基本权利，特别在售后服务环节更应该把知情权还给客户。一汽丰田的做法真诚地让车主体验到了这份透明。

客户总是有两组需求，能明确说出的是一组，可以称之为"有声的需求"；另一组是没有说出来的，可以称之为"沉默的需求"。通常，有声的需求是在任何一个行业中大多数商家试图满足的需求，了解这种需求并不困难，困难的是识别客户沉默的需求。很多时候，企业能够领先一步的原因就在于用心阅读客户，了解到了客户沉默的需求，进而满足这些需求，如表1-3所示。

表1-3 如何用心阅读客户

事 项	内 容
研究客户，了解客户	摸清客户的状况，要针对企业的形象、品牌、行销等方面进行初步的摸底，以一个第三者的客观立场来看客户的产品和市场

续表

事 项	内 容
心中要有客户，赢得客户心目中的信任感	首先要有坦诚的态度，对客户的感受表示认同，对客户面临的困境报以关切，想客户之所想，急客户之所急，拿出积极的态度予以解决。其次要注意到个人情绪，热情洋溢的声音对客户是最具感染力的。所以在工作时，一定要放下一切私人的不愉快情绪，想象是在给一位好友推荐性价比最好的产品，别忘了还要带上微笑
帮助客户	在沟通时不仅要提出问题，解答问题，还要在某些情况下帮助客户进步，利用机会为客户培训、提供周到的系统服务。长此以往，就会慢慢与客户建立信任，那么了解他们的真实想法也就比较容易了
做好反馈	学会聆听、多提开放性的问题，从聆听中了解客户的真正想法、要求、现状、经历……这些将帮助我们找到切入点，挖掘潜力，迅速赢得订单。在同客户沟通时，要把自己的想法或了解的情况传达给客户，然后再从客户那里问出客户的想法与建议进而听取客户反馈

作为企业，早就应该结束想当然制造客户需求的经营策略了。随着对客户服务实践的深入，对"以客户为导向"这个问题的理解实际是永无止境的。客户的需求是千差万别的，企业只有从实际出发，以客户为本，才能真正了解客户需求，才能更好地向客户提供正确的产品和服务，赢得客户的忠诚。

做为客户解决问题的专家

在"买方市场"时代，帮助客户解决问题，就是解决企业自己的生存和发展问题。如果企业能够做一个为客户解决问题的专家，那么这个企业就会长期发展，长盛不衰。

中钢期货有限公司（以下简称"中钢期货"）是经中国证券监督管理委员会（以下简称"证监会"）批准，在国家工商局注册登记的国内少数有着冶金产业背景的期货公司，始终秉承服务产业客户的经营理念，利用股东和行业优势尽心尽力为现货企业提供专业、贴心的服务。

　　A 企业为华东地区一家中型钢材贸易商，企业核算的合理螺纹钢库存为每吨 5000 元。2012 年 11 月底，螺纹钢主力合约持续在每吨 3500 元左右窄幅震荡，上海三级螺纹钢也持续徘徊于每吨 3600 元一线，基于当时钢价在历史上处于偏低水平且钢价年底季节性回升的概率较大，再加上市场对即将召开的中央经济工作会议抱有良好预期，市场成交较前期略有起色，A 企业螺纹钢库存逐步逼近合理库存水平。此时，若企业仍按正常节奏出货，则库存将很快降至合理库存之下，若控制出货节奏或者暂停出货，则不可避免地会流失部分客户和销售渠道。A 企业进退两难，难以取舍。

　　中钢期货在与 A 企业交流后发现，折算成实重后，上海三级螺纹钢现货较螺纹钢主力合约升水在每吨 200 元以上，基本能覆盖当时买入期货持有至最后交易日，并通过买入交割拿到现货运至 A 企业仓库的所有费用。中钢期货因此建议企业正常出货，同时，根据出货量在期货市场同步参与买入保值，由此，企业一方面维护了现有的销售渠道和客户资源，同时做大了贸易量；另一方面，又通过期货市场及时补充了低价库存，继续将库存总量控制在合理范围内。锦上添花的是，A 企业销售部分合理库存可提前收回该部分库存对应的货款，不但节省了相应部分的仓储费用，并获得货款对应的利息补偿，此外还盘活了资金，并利用期货的保证金机制提高了资金的利用效率。显然，这种期现结合模式较好地解决了 A 企业的难题。

　　从现实来看，现货企业千差万别，需求也日趋个性化、多元化。中钢期货作为期货公司，在这方面成为现货企业的"问题解决专家"，显示出了它的智慧。

　　事实上，在任何一个企业，每天都会发生很多关于客户的问题。能否顺利地解决这些问题，取决于企业是否能够创造一个双赢的解决方案。以下一些步骤可以帮助企业提出双赢的解决方案，从而使客户和企业都开心，如表 1-4 所示。

表1-4 如何提出双赢解决方案

事 项	内 容
确定客户真正的需要，确定期望的结果	其实很多时候，人的要求是无法满足的，比如很多客户要求产品质量要好，服务又要好，价格又要低，这本身就是矛盾的。所以在这个过程中，管理客户的期望，发现他们真正需要的东西很重要
从客户的角度来看问题	有时候站在客户的角度，可能会发现一些新的解决思路
保持思路的开放	保持思路的开放，同时鼓励客户也保持开放的心态，提出自己的意见或建议，据此探索既能够满足客户需求，又符合公司政策的方案，这样有利于产生新的解决方案
达成一致	在与客户讨论某种情形的过程中，表示出尊重和自信，让客户对你充满信心很重要。要创造一个双赢的局面，需要客户的自愿配合。前提是客户对你充满信心并且觉得与你交往很舒服

把挑战和发生的问题看成是一个机会来积极面对，尝试所有的努力，找到更多的选择，直到你和你的客户得到一个满意的答案。如果你能够了解客户心中想什么，你就可以找到变通的办法，达到双赢的目的。

和气生财，始终以笑脸面对客户

和气生财，笑脸也是生意人信奉的商业准则。"和气"不是每个人都可以随时做到的，需要后天的素质修养和内涵的深化，需要熟悉和运用一些沟通技巧与方法。

在美国一个传统市场里，有个中国妇人的摊位生意特别好，这引起其他摊贩的忌妒，大家常有意无意把垃圾扫到她的店门口。这个中国妇人本着和气生财的理念，不予计较，反而把垃圾都清到自己的角落。旁边卖菜的墨西哥妇人观察她好几天，忍不住问道："大家都把垃圾扫到你这里来，为什么你都不生气？"中国妇人笑着回答："在我们国家，过年的时候，都会把垃圾往家里扫，垃圾越多就代表会赚更多的钱。现在每天都有人送钱到我摊位上，我怎么舍得拒绝呢？你看我生意不是越来越好吗？"从此以后，那些垃圾就不再出现了。

案例中的中国妇人面对一些难题，处理得更妥善，甚至换一种想法来思考，不但化诅咒为祝福，更化危机为转机。她的这种智慧值得我们学习！

和气生财的形象体现就是以一张笑脸面对客户。微笑，它不花费什么，却创造了许多奇迹。它创造了人际关系的和谐与快乐，建立了人与人之间的好感。以一张笑脸面对客户，你也会很快乐、富有、幸福。毫无疑问，微笑给商人带来了许多方便和更多的收入。

犹太人在做生意的时候，经常会说："生意不成，也要笑脸相迎。"犹太人非常重视和合作伙伴的关系，他们认为即使生意没有做成，也不能破坏双方之间的友谊，说不定以后还会需要对方的帮助。犹太商人做生意强调和气生财，所以他们和别人在做生意时总是笑脸相迎，即使与对方产生意见分歧，他们也会笑着说出反对意见。如果在交涉时双方产生了很大的分歧，甚至发生争执不欢而散，犹太人还是会跟对方说声"再见"，第二天他再遇到对方时，仍微笑着问候"早上好"，好像前一天的事情根本就没有发生过一样。

犹太人卡尔是一位卖砖的商人，在和一位建筑商的合作中，由于砖的型号问题，两人进行了一场口水战，最终建筑商没有用卡尔公司的砖，而是选择了其他公司的产品，这让卡尔非常生气。回到家，他将这件事情告诉了妻子，他的妻子对他说："就算生意做不成，也不能和对方闹翻啊！买卖不成仁义在啊！"妻子的话让卡尔犹如醍醐灌顶，自己被气昏了头，竟然和建筑商大吵了一架。一晚上他都在想如何弥补自己的错误。第二天，他又找到那个建筑商，很真诚地向对方道歉，同时表示愿意和对方继续合作。建筑商对卡尔的这种转变非常惊讶，因为他没想到卡尔对自己这么客气，于是双方握手言和，还相约一起去喝酒。两个月之后，卡尔接到了建筑商的订单，这次卡尔赚了25万美元。

　　犹太商人的"笑脸策略"，为他们广纳四方之财提供了非常有利的条件。很多世界级的企业都是这方面的典范。现在很多商家都打出微笑服务的招牌，有亲和力的服务，才能吸引顾客不断地光顾，不断地拉来回头客。实践证明，在商务活动中，这是一种促销手段。因为人是群体动物，人与人的关系是否和睦，对事业影响很大。企业家因其制造出来的商品或服务使人喜爱乐用而事业有成，歌唱家因其演唱得到赞赏……一切离不开人。犹太人深深领会了这一道理，能把人与人的关系处理好，成为他们事业成功和发财致富的一种技巧。

　　人们常说"笑迎天下客"。当今社会，商家要求自己的员工对顾客"笑脸相迎"、"笑脸相送"，这实质上是向顾客传递一个信息：欢迎您，感谢您的光临。顾客还未进入商场，就已经受到尊重，心中自然欢喜，这为顾客进一步购买商品提供了良好的基础。

　　让你的和气驱使客户完成商业交易，让你的微笑留在顾客的心中！

心存感恩，感谢每一位客户

　　有句话说："客户虐我千百遍，我待客户如初恋。"心存感恩，服务好每一个客户，都将给我们带来更多的收益。

　　狮子睡着了，有只老鼠跳到了它身上。狮子猛然站起来，把它抓住，准备吃掉。老鼠请求饶命，并说如果保住性命，必将报恩，狮子轻蔑地笑了笑，便把它放走了。不久，狮子真的被老鼠救了性命。原来狮子被一个猎人抓获，并用绳索把它捆在一棵树上。老鼠听到了狮子的哀号，马上过去咬断绳索，放走了狮子，并说："你当时嘲笑我，不相信能得到我的报答，现在看清楚了，老鼠也能报恩。"

这个故事说明了时运交替变更的道理。其实客户也是一样，因为他不单单只是个客户，他总会给你带来更多的新客户、新朋友。所以对每位客户都应心存感恩，诚心相待。而事实上，当你广结良缘时，将来就会有更多的客户，你将获得更多的成功机会。

服务好每一个客户，不要以客户的订单额度来区别对待，都要一样地服务，服务好，态度好，产品好，售前售后好，才能让我们"百战百胜"。服务好每一个客户，不能只做"一锤子"的买卖，要考虑长远，为了客户和公司利益着想，这样客户才能够稳定且长久。

其实，感恩，是一种对恩惠心存感激的表现，是每一位不忘他人恩情的人萦绕心间的情感。感恩是一种认同、一种回报、一种钦佩，是一片肺腑之言。感恩是一种处世哲学，是生活中的大智慧。带一颗感恩的心工作，可以消解内心的积怨，可以涤荡世间一切尘埃！感恩不仅是为了报恩，因为有些恩泽是我们无法回报的，有些恩情更不是等量回报就能一笔还清的，唯有用纯真的心灵去感动、去铭记、去永记，才能真正对得起给你恩惠的人！

案例分析：汇仁集团的仁者风范

汇仁集团有限公司（以下简称"汇仁"）创建于1992年，是一家按健康产业链拓展、产学研相结合、科工贸一体化、集成式发展的中国大型医药企业集团。汇仁集团秉承"仁者爱人"的核心理念，走出了一条独具特色的健康产业发展之路。

"仁者爱人"，是汇仁集团的核心理念，它的主要内涵及外延都体现在"仁"字上。

我国的传统文化博大精深，从整个文化长河看，儒家文化无疑是中国文化的主流。世代相传的儒家文化孕育了中华民族善良纯朴的品质，其核心价值就是做人的道理，而"仁"正是儒家文化的核心。孔子提倡的"仁"，内涵丰富，追求以人为本，包括恭、宽、信、敏、惠五种品行和智、勇、忠、恕、孝、悌六项基本要求。

恭是恭敬、恭谦、端庄而有礼貌，为人要谦逊自重，才能得到别人的尊重；宽是宽容、宽厚、广博，现实生活中必有很多不如意的事，要以宽阔的胸襟去面对；信是诚实有信，信任别人，别人才会信任你，做人还要有自己的信仰；敏是敏捷、聪敏，勤奋思考才能有敏捷的思维；惠是恩惠、仁慈，乐施于人，才会得到别人的帮助和支持。这是做人的五种品质。汇仁集团自比为仁者，把这五种品质沿用到企业之中，体现了企业的仁者胸怀。

汇仁对顾客和员工恭敬有礼，得到了顾客的尊重和员工的支持；汇仁面对困难是坦然的，不怕激烈的竞争，精心备战、迎难而上；汇仁经营讲诚信，保证货真价实，绝不欺客；汇仁是勤奋努力、刻苦思索的，所以，精心研制和策划出来的产品总会受到市场的欢迎；汇仁有颗仁慈的心，追求利润的同时，也关爱世人的健康和社会的公益事业。正是汲取了儒家的仁爱思想，汇仁塑造了企业良好的品质，得到了社会的尊重和信赖。在中医药行业中，汇仁树立了鲜明的企业形象，在众多竞争者中脱颖而出，受到消费者的偏爱和支持。

仁者具有以上五种品质，儒家对仁者还有六项基本要求，这是品质更为实在的表现。儒家文化得以传承，还在于它注重思想的实用性。

智是智慧、智谋，泛指知识、技能，是人对事物本质的认识和分析能力；勇是勇敢、勇气，对困境要有勇气克服，对未知要敢于探索；忠是忠诚、忠义，这是孔子学说的主调，"己欲立而立人，己欲达而达人"，以帮助他人实现目标来实现自己的目标；恕是宽恕、原谅，从他人的角度考虑，多一分宽容；孝是孝顺，善待父母，这是中国自古的传统美德；悌是兄弟、弟子，像兄弟般对待身边的人，像弟子般虚心向人请教。这六项基本要求，也体现在汇仁的实际行动中。

投入重金搞科研、投入重兵闯市场，就是为了能清晰地认识产品和市场的情形，分析出发展趋势；在全国已有7000多家制药厂激烈竞争、上千家药厂亏损的情况下，汇仁仍胆识过人地进入制药业；员工通过对汇仁的忠诚来实现个人的理想，汇仁通过对大众的忠诚来培育竞争力；汇仁以宽容之心对待消费者，一切都从消费者的利益出发；汇仁虽非人，但视祖国为母亲，七年上缴的税收增长了500多倍，为祖国的繁荣富强做出不懈努力；对待同行像兄弟一样共同发展，对待科学像弟子般谦诚求知。汇仁将理念落到实处，对员工、对消费者、对社会都报以仁者之心。

"仁"是汇仁高尚的追求，把它与事业结合在一起，成为汇仁生存和发展的支持力量、核心力量。"仁者爱人"是汇仁企业文化深刻而集中的概括，它传承了儒家的文化思想，渗入了时代气息。汇仁把它真正融入企业的思想和行动，打造了旗帜鲜明的企业文化。

以"仁者爱人"为核心的企业文化深刻地影响着每一个汇仁人，企业内各项健全的规章制度就是让员工自觉或不自觉地接受这个思想。汇仁的使命是振兴和发展民族医药事业；在组织上，汇仁率先在江西民营企业中成立党的基层组织和工会组织；在归属上，汇仁认为自己近期是企业的，远期是国家的；在用人上，使员工"既能多赚钱，又能受尊重"，帮助员工实现自我价值；在教育上，倡导重读书再创业；在文化上，内部每月有两期文化刊物《汇仁人》报，有藏书万册的汇仁图书馆……通过多方面的引导，汇仁内部形成了仁者的思想，员工形成相同价值观、共同信念，齐心协力打造企业竞争力，使汇仁在制药行业大展仁者风范。

在外界，"仁者爱人，汇仁集团"的企业宣言脍炙人口，更重要的是汇仁用它的实际行动证实了它的仁者理念。为了丰富文体生活，汇仁集团先后举办了"汇仁为你过生日"少儿歌舞晚会、全国围棋名手邀请赛、全国女排甲级联赛等活动；为了公众的利益，汇仁集团又举办了"红土地情怀"、"汇仁杯——为了母亲的微笑"等大型社会公益活动。十余年来，先后出资100多万元为地方修路、架桥、兴建社会福利院，投资110万元兴建装有现代化教学设备的双环希望小学，捐款捐物70余万元帮助灾区人民抗洪赈灾，接收下岗待业人员上万人……对社会无私的奉献，正是仁者思想的真实体现。

企业文化是否体现企业的个性、是否适应市场的需要、是否帮助企业壮大，是关系企业生死存亡的大事；企业文化能否得到落实，则是企业文化工作的关键。汇仁不仅提出了继承中国传统文化而又适用于现代管理的企业文化，还把这一文化切实地体现在它的内外形象和行为中，展现了当代大企业的仁者之风。

汇仁集团，一个融合中国人文传统与现代医药科技的民族品牌，将企业文化体系根植于中华民族博大精深的文化底蕴之中，秉承"仁者爱人"的核心理念，深耕中华大地，阔步走向世界。

（来源：根据"企博网"2013 年 10 月 10 日《汇仁："仁者爱人"的核心理念》改写）

第三章　君子爱财，取之有道

——晓大义才能生意兴隆

所谓"君子爱财，取之有道"，要"有道"，就要深明大义，明晓事理，要从正道取财，拒绝不义之财。"有道"，就是淡泊名利，摒弃个人私心，切勿投机取巧，做本分事、赚干净钱，具有社会责任感，担当责任、成就事业。凡"有道"的企业，必是财源滚滚；凡"有道"的总裁，必能成就人生辉煌。

名利，并非人生唯一的目标

一个人努力工作使自己的事业有所成就，可以说是求名；不懈拼搏使自己的生活富裕，可以说是逐利。人生活在世界上，无论贫穷富贵，穷达逆顺，都免不了与名利打交道。其实，"名利"主要是一个度的问题，只要不过、不贪，追逐名利也是一种积极的生活态度。名利问题，值得企业总裁深思。

所谓名利，不外乎名位与利禄，名声与利益。名利，并非人生唯一的目标。企业总裁对于名利要有清醒看法。所谓清醒看法包括三个要点：首先，名利之心人人皆有，无可厚非，但是，名利与为企业为员工和为国为民相比，与利他主义相比，与各种更崇高美好的道德理想相比，它毕竟不是什么高尚的东西，比较俗气。其次，荣华富贵都是过眼云烟，生不带来死不带去。看不透这一点就不能对世界和人生有清醒的看法。最后，名位、声望这件事绝不可刻意追求，越想出名越不容易出名。正所谓有心种花花不开，无心栽柳柳成荫。原因何在？因为一心想出名的人并不真正喜爱自己在做的事，只是把它当作出名的手段。而人生在世要做好任何一件事，必须对它有发自内心的兴趣，要是只把它当作出名的手段就绝对不会做好这件事，因此也就不会出名。

大凡成功的企业总裁都有一套管理哲学，因为哲学就像一只罗盘，能为企业家经营指引正确的方向，帮助企业家迎接挑战，追求成功。在企业总裁的管理罗盘中，淡泊名利是一个重要刻度。事实上，企业总裁一旦抛开了名利的羁绊，人生便变得轻松，就不会把名利看得那么重，不会那么在意名利，名利自然就成为人生的附属品。淡泊名利是企业总裁的大智慧。

"淡泊"是一种古老的道家思想，古人强调淡泊名利。《道德经》中说："恬淡为上，胜而不美。"后人一直赞赏这种"心神恬适"的意境。淡泊名利是人生的一种态度，是人生的一种哲学，是一种境界。淡泊名利，就是要超脱世俗的诱惑与困扰，实实在在地对待一切事物，豁达客观地看待一切生活。

淡泊名利，最重要的是树立正确的人生观、价值观，要做到信仰至上。淡泊名利，需要的是充实思想、为之奉献、勇于牺牲的精神。正心诚意的成功企业总裁不仅要立志，而且要立大志，正如孔子所言："取乎其上，得乎其中；取乎其中，得乎其下；取乎其下，则无所得。"只有立大志，企业总裁的内心才不会为诱惑而动摇，正心诚意也不会口惠而实不至。为此，企业总裁当志存高远，静以修身，俭以养德，因为"非淡泊无以明志，非宁静无以致远"。

淡泊名利，还要做到工作上高标准，生活上低要求，更好地控制物欲。只有目标远大、乐于奉献的人，才可能经受住各种诱惑的考验，始终不渝地坚守自己的道德标准和信念，不重名利，不计得失，以淡泊的情怀抒写出高贵的人生。

企业总裁的管理哲学，其实也是人生哲学。淡泊名利，是企业总裁做人的崇高境界。没有包容宇宙的胸襟，没有洞穿世俗的眼力，是万难做到的。在物欲横流的当今，有志者更应守住淡泊，淡泊于名利，向着自己既定的目标前进！

摒弃个人私心，有付出才有回报

私心是一种很微妙的东西，当人作为个体出现的时候，私心就溶化在他的血液之中。一般来讲，私心只要不严重到侵害别人、触犯法律，问题还不大。企业总裁要对企业负责，总裁的利益应该就是企业的利益。也就是说，总裁的私心必须为企业利益所替代，个人私心要不得。为了不以个人私心损害公司利益，必须高度警惕，付出许多努力，当然也要牺牲很多东西。每做一件事情，都不妨扪心自问，这件事中有没有我的私心在里面。或者问一问，这么干别人是否会觉得我很自私。在得到满意的答案之后，你再大胆地工作。

在任何组织中，纯粹的个人私心必须摒弃。而真正做到了摒弃个人私心，就会崇尚奉献，致力于为集体付出。摒弃私心是付出的前提，一个成熟的企业总裁，就要能正确认识付出与回报，能够在付出与回报之间找到平衡。

世界是丰盛的，但问题是，我们如何与这丰盛发生关系，如何能分享到丰盛。这取决于你的付出、你的寻找、你的决定、你的真心、你的行动。当你真正地下定了一个决心，并且以行动来表明你的信心和决定，那么，你就准备好享受生命的丰盛吧。事实上，只要你启动了，剩下的事情就会一步步自然地展开来，以一种你意想不到的方式，只要你不故意去破坏这个过程就行了。《圣经》里有一句话，大意是说，不管你朝着什么东西走过去，这个东西同时也会朝你走过来。经文里还提到，上帝说："如果你向我迈近一步，我也会向你迈近一步。"诚如斯言！

事实上，在当今社会，没有一个人能凭自己的单打独斗去闯出一番事业来，在他的身后或周围总有那么几个或一批人在支持着他，不仅为他出力，而且为他出谋划策。而一个成功人士所得到的报酬绝对不是他所有付出的总和，而是包括了他的下属中所有人的剩余价值的总和。既然是一个组织所创造的剩余价值，为什么要由一两个人或极少数的一部分人去瓜分呢，而创造剩余价值的绝大多数人却没有资格去分取或享受呢？看清了这个付出与回报的矛盾结点所在，也就能够在付出与回报之间找到平衡。

企业总裁的付出，在实践中首先是付出必要的时间和精力，谋划企业的未来，因为毕竟肩负着更大的使命；还有就是以身作则，能自己做到最好，再要求下面的人。总之，正确的心态加上得当的管理方法，付出就一定能有回报。

聆听与感悟使人提升。"在我人生中的某一个阶段，我曾在某个地方听了这个人的一些想法，他所说的一切改变了我的一生"——这就是企业总裁的提升。这个世界之所以运行，是因为其遵循着平衡法则。无私必然赢得尊重，正确的付出必然有回报——这就是企业总裁的平衡法则。

投机取巧等于往陷阱里跳

企业管理靠的是管理者的自身能力。很多管理者眼睛往往向外看，一直盯着员工，觉得员工这要提升，那要改进，总感觉员工做得不尽如人意。其实，很多事情的解决绝不是靠投机取巧、走捷径，而是需要改变视角，静心感悟。

杜绝投机取巧，避免跳进陷阱，应该有以下认识和做法，如表1-5所示。

表1-5 杜绝投机取巧，避免跳进陷阱的认识和做法

认识和做法	内 容
不要做假设，要立足现实	不要去假设一些不可能的条件，比如，如果谁去做这件事就好了，如果人数再多一些就好了，如果市场投入再大一些就好了，如果没有不利的事情出现就好了……做一些无谓的假设，只会浪费时间，延误时机，或为自己达不到目标找借口。要在现实的状态下开展工作，而且认为当下是最合适的环境，唯有如此，才能积极思考、正面应对 管理者认为员工队伍素质太差时，想一想，假设员工队伍素质提高到自己想象的水平，他们还会甘心于现有的岗位吗？自己还能当他们的领导吗？如果一切都如自己所想，自己的能力与价值又如何去体现呢？再说，现有的环境，不正好是体现自己能力和锻炼自己的最佳舞台吗？这是多难得的自己施展才能和成长的环境！企业在市场中，就如同在真实的作战环境中，随时面临市场决战，不允许彩排，更不允许做条件假设

认识和做法	内　容
不要心存侥幸	管理者一定要做得正、行得直，不要有自私的行为缺陷，更不要认为自己处于领导岗位，一般员工发现不了自己的一些丑陋行为。比如占公司便宜，背后非议他人，自己违反公司制度等，有些管理者自认为神不知鬼不觉，总觉得别人不会知道。人都有个心理弱点，在同样条件下，往往认为好事发生在自己身上的概率大，不好的事发生在自己身上的概率很小，于是就形成了侥幸心理，"哪有那么巧？"但我们回想一下，总会发觉身边有人在"要小聪明"，那就说明事情肯定会暴露，如果领导者有某些"缺陷"也肯定会让员工知道。一旦被同事和下属发现，他们会想：领导不过如此嘛！试想，以后怎么可能会让下属心服口服 心存侥幸的负能量事件要杜绝，"要想人不知，除非己莫为"，这是中国的古训，不无道理
有善"因"才有好"果"	事情的发生必有因果，种瓜得瓜，种豆得豆，现在的每一件事情必定会影响到将来。只不过现在的哪件事会影响到未来的哪件事很难一一对应，但可以肯定的是，天上不会无缘无故掉馅饼，现在的"果"必定是之前种下的"因"，好果归于善因 为什么会遇到很多麻烦事？那是因为之前我们给别人添了麻烦！总裁感觉员工与自己之间越来越难以合作了，就要好好反省自己对他们种下了什么不好的"因"。有员工说，我招惹谁了，那么不好的事情落到自己头上？某某事真是不公平……因果兑现时间不一，过程有的很漫长，导致很多人不容易相信。不要认为不公平，因为自己也可能是别人眼中不公平的造就者
感化员工	不要认为企业有了规章制度，就能让员工彻底认同和遵守。表面的服从和内心的认同相差很远，表现在工作上就是规定的才去做，规定不到的就投机取巧，缺少了工作的主观能动性。制度越来越多，培训越来越多，员工并不一定买账，流失率的高低就可以作为参考。相当一部分比例的员工离职与其上司有直接关系。试想，员工都准备离职了，自己对其还能有什么影响力可言？要想得到员工的彻底认同，关键在于领导者自己的个人魅力和专业技能，自己以身作则，让员工内心受到触动，这样的影响才持久，带来的执行力才会强。看那些对公司忠诚、贡献大的员工，有多少是管理出来的？只是表面上的一堆管理制度，没有感情的投入、魅力的影响，很难让员工认同。所有面临的问题，都是自己造成的 有些管理者喜欢怨天尤人，总是羡慕别人天时地利人和，觉得自己身边的同仁或客户有意制造难题。其实每个人身边的环境都是自己营造的，发生的事情是好是坏，都与自己的积累有关，不然为什么不发生在其他人身上呢。比如管理者交代下属做一件事情，结果下属做砸了，惹出了麻烦。如果把原因归结到下属没有能力、不用心，然后狠狠地批评他一顿，结果呢？他并不一定听得进去，心里不服气，以后可能依然如故，甚至更糟。如果进行自我剖析：员工是自己安排的，是不是没有交代清楚，是否过程中间没有跟踪，或许自己对"识人"还需要技能上的提升，等等。下属看到领导自我批评了，也会分析他自身的原因，而不会再去想着推诿扯皮。如此这般，大家只从自身找原因，以后就会杜绝此类事件

认识和做法	内 容
知易行难，所以要更重视"行"	当前网络、微信、书籍中各种励志文章很多，天天耳濡目染，可我们静下来想一下，自己的一些不好习惯或工作方式，又改进了多少呢？大多还是该怎么样还是怎么样，也没有发现生活中自己改变了多少，依然"我行我素"。小品《扶不扶》中，那位给事故现场拍照的路人，是典型的只会说没有想到做的人 知道"知易行难"以后，关键还是要把所"知"应用到工作和生活中，而不能工作是一套，说辞又是另一套

上面这些感悟，应该是句句走心。企业管理者要研究企业的特色和个性，换个角度来看待管理，这样才能发挥自己管理的特长和优势。这个世界上花团锦簇的"捷径"常常暗藏着防不胜防的陷阱，想投机取巧却落得赔了夫人又折兵的岂是个案？唯有至诚至善，用心感悟，才能提升管理魅力！

要做就做本分事，要赚就赚干净钱

本分的意思是安于所处的环境或地位，尽到自己应尽的职责和义务，可见这是一个褒义词。安贫而又乐道，享福又知惜福的人都是本分人，无论严寒酷暑不辍劳作的清洁工，不停解释安抚、舌焦唇燥的信访局长，也都是本分人做着本分的事。社会本分的要求不高，只要每个人都各安天命，各执其事，各尽本分，就万事大吉、天下大治了。

然而，这世界物欲横流，使得不守本分的人越来越多了。做了几年副职，见"一把手"权大贿赂多，于是想取而代之，匿名信诬陷不成，干脆买凶将"一把手"做掉。结发夫妻，患难与共，儿女争气，原本是幸福之家，有了余钱剩米，经不起超短裙的诱惑，把持不住自己，不守本分出轨了，结果身败名裂、家破人亡……这些皆由不守本分发展而来。由于不守本分的人多了，于是做本分人做本分事的人就如同凤毛麟角。企业是社会经济的重要载体，企业总裁做本分人做本分事就显得弥足珍贵，而只有做本分人做本分事，才能赚干净钱，才能维护和促进社会经济的正常发展，更有助于树立良好的社会风气。

一个企业越打破底线，就越容易背负原罪。举例来说，某药厂明知道自己排放的废气、废水和废渣严重污染环境和对居民身体造成严重伤害，但发现这样做有利润可图，而且其他地方的企业也曾或者正在这么做，所受到的惩罚又不严重，于是就继续这么做。药厂漠视企业社会责任，国家的监督管理机制又不健全，长此以往，后患无穷。

我们现在的市场环境还存在着种种不完善的地方，产权不够清晰，企业对法治缺乏敬畏，对长远利益没有信心，以至于形成了追求利润和企业社会责任两者的背离，而不是统一。因此，要求企业承担社会责任，首先要让企业对自己负责，创新的东西不会被盗版吞噬，损害了社会利益一定要赔偿，这样企业才会有长远追求，才会履行社会责任。

理论上，法律应该是企业的底线，只要不犯法，什么都可以做。犯了法，自然是依法付出代价。而在中国，原有法律的更新、新兴法律的提出远落后于社会共识的演进，所以，这条界线变得有些模糊。于是，企业应该以较高的道德标准、社会共识要求自己，为了长期利益严格约束自己的行为。

在市场经济条件下，要做就做本分事，要赚就赚干净钱。本分事和干净钱与法律和道德底线相比，孰轻孰重，在乎君心耳！

明大义，就是要具有社会责任感

企业履行社会责任是理所当然的。企业是在社会中成长起来的，大的社会环境，包括人文环境、自然环境、社会的诚信环境，都是企业成长的基础，所以作为企业，应该回报社会，企业履行社会责任也是明智的。美国一家调查组织曾对400多家公司履行社会责任所获得的回报做了深入调查，结果发现，75%的企业形象得到了明显改善，52%的企业员工积极性得到了提高，20%的企业与客户关系得到了改进，7.2%的企业产品销量得到了增加。这表明，企业履行社会责任，实际上也提升了自身价值，符合企业自身利益。从长远来看，企业承担更多的社会责任，是企业提高自身竞争力的需要。企业主动积极地承担社会责任，可以赢得良好的社会声誉，有助于企业吸引顾客、投资者、潜在员工和合作伙伴，从而增强可持续竞争力。

现实中，很多企业家的实践，印证了企业家的社会责任感正在加强。IBM大中华区副总裁周忆就是其中之一。

IBM在中国的企业责任理念包括三方面的内涵：一是社会责任与企业成长战略融合；二是致力于专长服务社会；三是推动协作创新公益。周忆表示，IBM的企业社会责任实践项目，一定是围绕IBM的企业特长、核心竞争力来做的，即"技益天下"。对于IBM来说，专长就是其自身在科技方面的软硬件实力，以及员工的专业能力。

2014年，IBM在企业社会责任的实践中更加关注社会性议题。2014年9月，IBM企业全球志愿服务队为太原市的两家社会公共服务机构提供了公益咨询服务，发挥IBM全球最佳实践和经验，为居家养老模式的完善、社区服务热线的改进、社会企业的扶持等方面提出了具有可行性的方案。在济南，"IBM智慧城市大挑战"专家团队为将济南建设成为具有泉城特色的国际智慧旅游城市提出了可行性的建议。

2014年8月至2014年底，IBM为中华社会救助基金会提供二期服务捐赠项目，帮助其开发"中国民间灾难应对信息平台"的重要功能。IBM投入近3500小时，实施可视化社会大数据解决方案及移动应用，支持中华社会救助基金会"中国民间灾难应对信息平台"的功能开发和实施上线，协助搭建了一个为整合救灾信息资源、增进信息透明完整、便利多方协调互动、提高救灾响应效率而生的科技救灾平台。

回顾自己在企业社会责任领域的多年工作经历，周忆认为，企业社会责任不是仅仅"做好事"，还需要长期的、可持续的、最终归于业务绩效或者社会绩效，才能形成良性的循环。

企业社会责任包含三个层次：第一个层次是企业奉公守法，正常经营，如提供充分的就业岗位、按时交纳税款等；第二个层次是勇于付出，敢于承担，如扶贫济困、进行社会捐助等；第三个层次则是贯彻落实科学发展观，促进企业与社会、环境的全面协调可持续发展。将企业社会责任落实到实践中，需要做到以下四点，如表1-6所示。

表1-6 将企业社会责任落实到实践中的做法

事 项	内 容
履行经济责任	承担并履行好经济责任，为极大丰富人民的物质生活，为国民经济的快速稳定发展发挥自己应有的作用。简单地说就是盈利，尽可能扩大销售，降低成本，正确决策，保证利润
遵纪守法	在遵纪守法方面做出表率，遵守所有的法律、法规，包括《环境保护法》、《消费者权益法》和《劳动保护法》。完成所有的合同义务，带头诚信经营，合法经营，兑现保修承诺。带动企业的雇员、企业所在的社区等共同遵纪守法，共建法治社会
履行伦理责任	伦理责任是社会对企业的期望，企业应努力使社会不因自己的运营活动、产品及服务而遭受消极影响。加速产业技术升级和产业结构的优化，大力发展绿色企业，增大企业吸纳就业的能力，为环境保护和社会安定尽职尽责
履行慈善责任	现阶段构建和谐社会的一个重要任务是大力发展社会事业。教育、医疗卫生、社会保障等事业的发展直接关系人民的最直接利益，也直接决定着社会安定与否、和谐与否。很多地方在发展社会事业上投资不足或无力投资，这就需要调动一切可以调动的资本。企业应充分发挥资本优势，为发展社会事业，为履行企业责任而对外捐助。支援社区教育，支持健康、人文关怀、文化与艺术、城市建设等项目的发展，帮助社区改善公共环境，自愿为社区服务

企业履行社会责任，需要企业家深明大义，具备强于一般人的社会责任感，把中华民族的优良传统传播到全社会乃至全世界。

责任有多大，事业就有多大

企业中的"最重大责任岗位"是总裁的责任岗位；企业里"最重大责任承担者"

是总裁。企业总裁特指企业里最高的直接管理者，它的外在符号可能是董事长、CEO、总经理、老板、企业主等。在这些称呼和权力符号的背后，其本质意味着他们是企业里最重要的责任承担者。在企业里，只有总裁才是企业未来的方向和商机的确认者与决策者，这是无人可以替代的责任！

仲景宛西制药股份有限公司（原河南省宛西制药股份有限公司，以下简称"宛西制药"）党委书记、董事长，当兵出身的孙耀志曾经直率地对人说："我这人不讲觉悟，只讲责任，因为讲觉悟容易务虚，但讲责任就不能务虚，那是实实在在的。"

担当责任是一种荣誉，同时也是一种压力。勇于担当者自找压力。孙耀志将企业兴衰系于一身，责任有增无减。他和他的宛西制药在一次次自找压力中经受历练、走向成熟。

1985年，当计划经济开始向市场经济过渡时，尚处在襁褓之中的宛西制药，产品积压亏损数十万元，发不下工资，人心涣散。孙耀志从当时的县经委回到离开仅一年的宛西制药，临危受命。上任伊始，便率领人马，北上沈阳，南下广州，东进上海，西赴兰州，穿行9省23市，历时9个月，行程万里，学习先进制药技术，考察先进制药设备，寻求新药开发信息。这在宛西制药的发展史上被称为"宛药长征"，实际上是企业真正的起点。从1998年起，宛西制药采取"公司＋基地＋药农"的生产模式，先后建立了伏牛山区的山茱萸基地，焦作的山药基地，信阳的茯苓基地，以及福建、安徽的泽泻和丹皮基地等，为当地农民提供了脱贫致富的机遇和门路。2002年，河南、安徽、福建三省50万农民为宛西制药提供原料，实现了由粮农向药农的转变。10年后，宛西制药入围中国中药五十强。

自找压力是孙耀志性格的一部分，同时也已深深扎根于企业经营理念之中，成为宛西制药集团这艘舰船在市场的大海中破浪前行的望远镜。正如孙耀志所言，企业有多大，责任就有多大。而对责任的担当也给他带来了荣誉。孙耀志先后被授予"国家有突出贡献专家"、"第二届全国中药行业优秀企业家"、"河南省医药管理局局级跨世纪学术、技术带头人"、"河南省优秀专家"、"全国五一劳动奖章"，享受政府特殊津贴，当选为河南省九届人大代表、河南省第八次党代会候补委员、十届全国人大代表、首届中华时代十大新闻人物。

责任有多大，事业就有多大。孙耀志用自己的实践印证了这个道理。

责任心是事业的根本，有多大担当才能干多大事业，尽多大责任才会有多大成就。责任心决定了工作的质量和结果。只有以负责的态度，踏踏实实工作，才能取得更好的成绩，获得更好的发展机会，并再次承担更大的责任。

案例分析：科达集团"建绿色润人民"的核心价值观

科达集团成立于1984年，以山东科达集团有限公司为主体，拥有18家成员企业，在上海、深圳、海南、香港以及阿联酋迪拜等地设有下属机构，在全国12个省市设有工程项目部。主要从事基础设施投资、建设、管理运营，工程设计、咨询，房地产开发，功率半导体器件和生物技术产品的研发、设计、生产、销售，以及金融服务等业务。从一家名不见经传的小土方队起步，最终化茧成蝶，发展壮大为享誉全国的知名企业，科达集团用30年的创业与创新，验证了"坚持发展绿色产业，走可持续发展之路"的正确性。科达集团正凭借绿色理念和"视企业为生命、建绿色润人民"的核心价值观，锻造"百年科达"和"企业航母"。

科达集团实施"一基、一房、一金融"的发展战略，肩负"筑就文明、奉献社会"的企业使命，发扬"艰苦奋斗、无私奉献、敬业报国、追求卓越"的企业精神，践行"视企业为生命、建绿色润人民"的核心价值观，以一流的管理、一流的质量、一流的信誉，创造一流的业绩，回报股东、回报社会。

科达集团将企业的核心价值观确立为"视企业为生命、建绿色润人民"，既体现了科达的产业特点和发展前景，也表现了员工与企业融为一体、共同发展的决心。在科学发展观的指导下，公司秉承绿色环保、人与自然和谐发展的理念，创建无公害、无污染、节能环保型企业，走可持续发展之路。

公司上下每个职工都熟知"视企业为生命、建绿色润人民"，并将其含义铭记心中。每天早晨上班之前全员做广播体操，既能全面提升职工队伍整体形象素质，增强企业凝聚力，还能巩固企业文化建设成果。规定公司院内全面禁止吸烟，张贴禁烟标识，并大力监督，确保禁烟工作落到实处。此举得到了全体职工的积极响应和欢迎，减少了办公场所的烟雾危害，净化了公共场所空气，塑造了企业职工健康、文明的整体形象。

科达集团所有产业均呈现出绿色环保节能、高端高质高效的特点。在30年的发展历程中，无论条件多艰苦，科达集团都不受利益诱惑，始终不上污染企业，不上高耗能、高耗水、高耗电、多占地的项目，不做对不起广大市民、对不起子孙后代的事情，尽一己之能，为美丽的黄河三角洲留下青草绿树、碧水蓝天。近年来，科达集团又对旗下产业进行整合、升级，最终形成了五大主导产业齐头并进、专业发展的局面。但在产业选择方面，科达人始终坚持两条标准：一是要符合企业战略规划，二是必须是绿色无污染行业。

实践已经证明，科达集团所涉猎的基础设施建设、房地产开发、高新技术、金融贸易等行业，完全符合科学发展观的要求，符合国家产业政策和发展方向，具有良好的发展空间和美好前途。

科达集团董事长刘双珉说："30年来，我们始终践行'视企业为生命，建绿色润人民'的核心价值观，始终坚持植根绿色产业，顺潮流，快半步，这让我们始终没有迷失自己，在中国经济的几次重大变革中获得了快速发展。""我们有信心让科达顺利地传承下去，再干30年，让我们的科达跻身于中国百强企业行列。我们有信心再干70年，让我们的百年科达屹立于世界企业之林。我们有信心，通过全体员工的共同努力，让我们的科达永居企业阵营的第一方阵！"这是一种经历过惊涛骇浪后的沉淀，也是运筹帷幄、决胜千里的磅礴写意。

科达集团秉承绿色理念和"视企业为生命、建绿色润人民"的企业核心价值观所从事的事业是对人民有益的事业，对人民有益的事业就是高尚的事业、伟大的事业、美好的事业，就是最有前途的事业！

（来源：根据"东营网"2014年2月17日《建功立业三十年——写在科达集团成立30周年之际》改写）

第四章 以诚居心,信者得救

——诚信是经商最重要的守则

伟大的商业需要伟大的诚信,伟大的诚信造就伟大的商业。商业诚信守则包含了企业诚信、企业信用、优秀商人的契约精神、在细节中打造"诚信经营"金字招牌、用心做服务等方面的内容,这些都是企业无形资产的重要组成部分。

人无信不立,经商无信必自毙

中国人历来信奉诚实守信,人无信不立,业无信不兴。"诚"与"信"可以说是中国传统文化的基石。《论语》有云:"人而无信,不知其可也。大车无輗,小车无軏,其何以行之哉?"这句话非常形象地把不讲信用的人比作没有輗的大车和没有軏的小车,意思就是不讲信用的人寸步难行。《说文解字》上说"诚,信也",两者互训,本意相通,把"诚"与"信"和起来使用,就是指诚实守信、表里如一、言行一致,既不自欺,也不欺人。中国人自古赞美诚信,并把它贯彻到日常生活的各个方面。比如在经济生活中,人们把"童叟无欺"、"市不二价"、"货真价实"作为经商道德,形成了以诚待人、以信接物、买卖公平、保质保量的商业伦理和信用原则。尽管世代更替,但是中华民族讲究信用的精神始终延续不断。

深受儒家文化影响的中国企业总裁则常被人称作"儒商",自然是承继了儒家思想的文化基因，并身体力行。随着社会的进步和经济的发展，诚信将成为市场经济的基本条件，信用也会成为一个企业的立身之本。

非诚信不成百年老店，是古今中外商界遵循并取得成功的一个普遍真理。然而，现实却并不乐观。近年来媒体曝光的涉及商业不诚信的事件比比皆是。

2012年，湖南警方破获的一起特大制售地沟油案件中，吴昌松等人利用废弃油脂等加工成地沟油，有250多吨流向餐桌，5000元的成本能卖到1.25万元；山东朱姓三兄弟从外省收购大量泔水油卖给一些粮油公司，销售金额超过5000万元。

2013年3月，内蒙古包头公安机关查获的一起利用鸭肉等制售羊肉干、牛肉干的案件中，就发现了"一滴香"、"牛膏1号"等调味料。而在此前，山东、上海、江苏、贵阳等地警方均破获假冒牛肉、羊肉大案，捣毁了大批"毒鸡爪"等制假黑窝点。

2014年4月，易迅网上购买支持7天无理由退货商品的消费者投诉称，在没有使用产品的情况下要求退货时，被告知要收取10%的退货手续费。而这一条款早在2010年就被列入上海消保委典型消费维权事件。

有专家认为，导致商业不诚信的主因有三：一是失信成本过低。一边是高额的利润，一边是微不足道的处罚，这是导致一些企业敢于铤而走险、违背诚信的重要原因。二是一些地方政府充当"保护伞"，这也是企业制假售假等不诚信问题难以治理的主要原因之一。三是监管缺位。一些地方监管部门"轻日常、重活动"，喜好"声势浩大、成绩突出"的专项整治活动，寄希望于"毕其功于一役"。这种非常态化的监管方式，其结果就是造成一些失信事件没有止于萌芽，而任其发展到难以收拾、危害深远的地步。

俗话说"多行不义必自毙"，这些不法奸商做多了伤天害理的事，自然会背上沉重的思想负担，晚上睡不好觉，白天担惊受怕，精神委顿，这种人疾病也会很容易找上他们。

信用，企业生存的根

在市场经济条件下，任何一个经济主体都必须依靠信用与其他经济主体发生联系。作为经济活动的主体，企业的信用状况不仅决定着自身的命运，而且也影响着银行等利益相关主体的经济活动。这种信用问题同时影响着整个经济运行的效率和市场秩序，制约着国民经济的发展。企业信用的实质内容是企业的商业信用，是对企业诚实度和承诺兑现而产生的商业信用度的评价。企业信用在交易活动中的表现形式是企业的商业信用价值，是因企业的商业信用而产生的商业信用权。

作为民事主体的企业，拥有商业信用，就拥有了商业信用权。随着我国市场经济建设的推进，经济活动日趋规范。这种商业信用权将作为企业的一项民事权利发挥越来越重要的作用，如表 1-7 所示。

表 1-7 商业信用权的作用

作　用	内　容
商业信用是企业合法权益不受侵犯的保障	企业可依商业信用权的排他性效力对抗其他民事主体的侵害，从事正常的生产经营活动，防止正当权益受到恶意的损害
商业信用可以使企业获得相应的资信利益	企业的商业信用是社会和市场对企业的肯定评价，对树立企业法人的良好形象和获得社会公众信赖具有重要的意义。企业可以利用商业信用获得诸如投资、贷款、赊购等方面的便利，从而获得由此带来的资信利益
商业信用可以保障交易安全，提高交易效率，降低交易成本	交易的发生更多的是通过商业合同。如果一方没有商业信用，就意味着无法履行合同和承诺，交易就无法正常进行。若一方的商业信用不确定、不明了，要完成交易，就要进行大量的调查、咨询、取证，从而扩大交易成本，增加交易风险。因此，企业只有在商业信用存在的前提下，才能确保交易安全。正是由于商业信用代表一种信任，而且是经市场验证了的信任，在交易过程中，企业就便于实现彼此信任，易于达成协议与谅解，同时提高交易效率。由此可见，企业信用是企业实现经济交往的必备条件，是企业生存和发展的命脉，企业只有经过不断的交易活动和经济交往才能生存和发展

信用无价。对一个企业而言，最重要的、赖以安身立命的根本，不是产品，不是技术，不是人才，也不是资金，甚至不是所有看得见的资源，而是最为无形的信用。一个企业失去信用，便无法在市场中生存。

优秀的商人都有着良好的契约精神

莎士比亚的《威尼斯商人》中，有一个著名的"在胸口割一磅肉"的契约，这是西方社会早期契约文化的一个经典。

威尼斯商人安东尼的商船沉海，彻底破产，无法及时偿还犹太商人夏洛克以前借给他的钱，按照他与夏洛克签署的商业贷款合同，夏洛克有权索取他"心脏部位的一磅肉"，就是要他的命。安东尼虽愿以20倍之借款偿还，以免割肉之痛，但仍不为夏洛克所允。尽管安东尼知道履行契约会送命，但是他仍然选择履行契约。他说："公爵不能变更法律的规定，因为威尼斯的繁荣，完全依赖各国人民的来往通商，要是剥夺了异邦人应享有的权利，一定会使人对威尼斯的契约精神产生重大怀疑。"夏洛克即诉请法院，请求安东尼履行割肉一磅之约。

法官查明原委，力劝夏洛克息事宁人未果，即照约判令安东尼应准夏洛克割取胸肉一磅。夏洛克大喜，操刀拟割安东尼胸肉时，法官对夏洛克说："你可依约割取安东尼胸肉一磅，但不得伤其皮肤或使其流一滴血，因为契约里没有这样的约定，如果因伤其皮肤使之流血，当予严办，并没收财产！"夏洛克闻此，脸色骤变，所操利刃停在半空中，迟迟不能落下。

该事例向人们展示了契约精神的三大要素，即安东尼与夏洛克签订契约的自由，安东尼与夏洛克违约割肉之约定是否正义，安东尼信守契约承诺的问题。

契约精神是指存在于商品经济社会，而由此派生的契约关系与内在的原则，是一种自由、平等、守信的精神。在商业领域，企业总裁、普通商人等都应该具有契约精神。

契约精神首先是责任心，一个没有责任心的人是很难有这种精神的，这种责任不仅是对个人和家庭的，到了企业做大做强之后还有对民族和国家的责任心。其次是诚信。凡能够取得巨大成就的商人都以诚信作为立身之本，李嘉诚就是现代商人的典范。最后就是担当，比如人事担当、总务担当、研修担当、企业担当、生产担当、品质担当等，其实说的就是既然领了一份薪水就要担当这个职位上的职责。

企业总裁应该是一个优秀的商人，而优秀商人都有着良好的契约精神。优秀商人遵奉契约精神的原则应该是：我们说到的就全部做到，做不到的就不说。如果能够做到这些，也就是从一点一滴开始培养自己的契约精神了。

注重细节，打造"诚信经营"的金字招牌

一滴水能折射出整个太阳的光辉，同样在很小的一件事中也能反映出企业的诚信文化。诚信发展仅注重宏观政策构建是不够的，还要让企业的诚信价值观和日常经营细节紧密联系起来；仅注重道德意义、精神意义上的宣讲是不够的，还应该在全体员工的小细节、小动作等方面，精密而细致地体现出来，将诚信品质浓缩进日常行为的点点滴滴中。

所谓"小处不渗漏，暗处不欺隐"，说的就是应注重细节、讲究诚信。事实上，企业的诚信行为体现在消费者看不见的细节里。下面试举几个反面例子。

在汽配市场，汽车玻璃生产成本最高的是挡风玻璃里的PVB胶片。挡风玻璃由两块玻璃夹胶片压成，用户看不出夹在中间的胶片的厚薄程度。失信企业会使用薄胶片，

易带来安全隐患。

"美瞳"隐形眼镜也存在类似情况。美瞳一般分三层，中间一层为颜色涂层区。有些企业偷工减料，仅制作两层，颜色直接涂在镜片上，使用者辨别不出，易出现过敏或者眼红等问题，危害眼部健康。

废弃电器、电子产品含有大量有毒物质，比如含铅玻璃、含氟冰箱等，必须规范拆解程序才能确保有毒物质不外泄。过去小作坊的做法是"一把锤、一把火"，将有毒重金属及有害气体直接排放，严重污染环境。

这些细节都是用户看不见的，但是失信造成的损失却是看得见的。

细节体现企业责任，诚信保证长久利益。真正的商人和成功的企业家，都是最务实的。在企业经营过程中，要从以下三个方面打造"诚信经营"的金字招牌，如表1-8所示。

表1-8　打造"诚信经营"金字招牌的方法

方　法	实施要点
健全制度，为诚信文化建设保驾护航	公司诚信文化的培养，需要健全的内部制度作为保障。在合规经营的基础上，将"抓细节"、"落实到业务环节"作为诚信文化建设的落脚点，可对制度的有效执行进行有益的探索与实践
强化人员素质，自律践行诚信	诚信文化建设中最关键的因素是人。只有员工讲诚信，得到客户的信赖，才能实现充分合作，从而促进企业做好各项工作
将诚信理念与企业文化有效融合	制度与自律的有机结合，有助于公司诚信文化的建设。在诚信文化建设中，应力求将诚信理念融入企业文化中，让诚信成为员工的自觉行为，营造人人恪守诚信的文化氛围，并让守信者获益、失信者受损，使诚信行为普遍化、常态化

小算盘算死自己，讲诚信细水长流

要想细水长流地做生意挣钱，必须诚信待人，诚信做事。只有老老实实，本本分分，客户才会相信你。如果内心只打小算盘，骗得了一时的钱，却骗不了一辈子，反而骗一次就失去一次机会，最后算死自己。清代作家曾衍东的《大算盘》写了如下一件实事。

有一个宛平（今北京丰台区）人，名字叫单有益，他以放高利贷为职业，抠算精细，寸利必争。遇着有远道而来或专门来求救燃眉之急的人，他看准了此人可以重利盘剥时，便在借付现金前，立即扣下三成利息。比如你借他一百元，讲明先付三十元利息，他便先扣下这三十元，只付你七十元，但却算是已借给你一百元了。到了归还之期，连本带利，再行核算。当地人都叫他"单（音善）算盘"。与他交往的人，没有一个不吃亏的。

"单算盘"见了别人的一器一物，凡是被他看上眼的，他都要设计弄到手。由于心精手狠，家境便迅速富裕起来。他盖起了豪宅，室内陈设着古玩玉品，很快成了显贵。娶来一妻四妾，生下三子一女。而且婢女仆人，车马跟班，应有尽有。他心满气盛，得意扬扬！

有一天，"单算盘"在庭前午睡，在梦中，他看见一个身穿青衣的官差，拿来一个大算盘，放到桌子上，算盘中的每一颗珠子，都有梨子大。算盘的横木上，并没有写"百、十、分、两"等字样，而是写"妻、妾、子、女、房产、田地"等字样。那个官差对他讲："你剥夺众人的小财，聚成自己的大财；搜刮众小家，构建你的一大家。如今上天要一次性算总账，来回应你无数次的零散的盘剥，用恶有恶报的原则来惩罚你奸诈刻薄的行为！"于是，那个官差用手指推挪算盘珠子，噼啪作响，满盘皆动，最后只有"女"字下还有一个珠子尚存。官差打完了算盘，指着那个"女"字说："就是把这个女子去掉，还是不能完全还尽你的罪恶业债。暂时给你留下她，以后再来讨还你的余债！"官差举起那个大算盘，命令"单算盘"看了，"单算盘"便忽然惊醒。

从此，单家病疫大起，全家人都死了，只剩下一个女儿，没有得病，却沦落为娼妓。"单算盘"本人，死里逃生，但家业荡然无存，只得当了乞丐。

这个大算盘自然是指官差拿来的属于上苍的那个大算盘。至于姓单的常用的算盘，那只是自私自利的小算盘而已。小算盘算不过大算盘，人算不如天算，这永远是颠扑不破的真理！

用心做服务，真诚到永远

服务，就是为满足他人需要提供帮助和援助。"服"，就是用心尽力去做；"务"，则是工作、事务之意。所以，用心尽力去做工作或相关事务，就是"服务"。服务意味着用心，意味着真诚。服务越多越大，其价值就会越多越大。

用心服务，就要真正深入用户、了解用户和掌握实情，从中发掘用户的深层次需求，并尽力满足，让用户的价值最大化；要重视服务的人性化和亲情化，发扬"耐心、细心、贴心和热心"的服务精神，尽心竭力地让用户感动，实现用户和企业的价值最大化；要从小事做起，通过细心地把服务过程中的各个环节或细节做优、做细，明察秋毫，见微知著，创造高质量、高标准和超价值的服务，让用户感到舒心、温馨；要贴心服务，将心比心，做一切事情不断替别人着想；要贴近实际、贴近生活、贴近心灵，一切以满足用户需求为起点，创造条件，不断贴近用户、方便用户、成就用户。

用心服务，就要真诚。服务是一种人与人之间的文化的沟通与互动，而且服务的过程本身就是一个创造善、提供善、追求善的过程。离开了真诚，一切的服务终将失去意义。所以说，紧扣着"真诚"的服务，就能打动用户，创造服务价值。当下，真诚已是企业道德的内在要求。企业家倡导以真诚营造服务，为所从事的事业作出不懈的努力，贡献应尽的力量。为此，企业家把真诚服务转化成组织的习惯，倾奉真诚，永放真诚的光辉。

真诚已成了一切服务存在的核心价值和最坚不可摧的精神内涵，是人类永恒不变的价值取向和道德标准。迄今为止，人类还没有找到比真诚更为有力的武器，更为巨大的力量，更为宝贵的财富。服务之中若永远保持一颗赤诚的真心，就能创造永不衰竭的发展动力。为此，在服务过程中应常怀一颗真诚无欺的心，与己为善，与人为善，真诚地去想、真诚地去做、真诚地去努力，做好一切服务工作，让真诚在人间永远绽放力量和光芒。

案例分析："诚实守信、一诺千金"的邓传根

邓传根是安徽省安庆市安超木业有限公司总经理、法定代表人。自学校毕业走上社会后，先后从事过建筑、商品批发、零售等行业。直到1996年开始办厂，从事木业加工、经营，现在又成功注册成立了安超木业有限公司。在几十年经商办企业的经历中，他始终坚持用"诚实守信"的经营理念来待人处事。"老实做人，诚信做事"是他经常教导公司员工的口头禅，也是公司员工及跟他合作的客户对他的真实评价。"诚信"是一块金字招牌，铸就了邓传根的辉煌事业。

在创办企业初期，融资非常困难，邓传根对每一笔融资都记得清清楚楚，何时结息、何时还本都提前准备，克服种种困难，从没失误。在长期的融资过程中，他与金融部门建立了良好的信用关系，为企业的发展打下了坚实的基础。

在谈到诚实守信与生产活动时，邓传根说："诚实守信的理念在生产活动中，就是首先必须坚持产品质量至上。"他认为产品质量是企业生存与发展的基础，他始终抓住

产品质量不放。有一次他与浙江一位外贸客户签订了一份椅子套件的供应合同，产品生产出来已发到浙江后才发现有一点质量问题：由于工人的大意，在打孔时，孔眼直径比订单标注直径大5毫米。当时如果不主动指出，也能验收过关，交货提款。但是由于孔眼与紧固螺丝不配套，可能影响终端产品的使用，从而使浙江客户的信誉受损。当时企业还是很困难，但他却毫不犹豫地主动打电话给对方，召回了自己的产品，并重新加班赶制了新的产品给对方。这次事件虽然使公司损失了近万元，但他对产品质量的较真劲感动了浙江客户，从此，双方建立了长期的合作关系。抓产品质量不仅是处理表面能看见的问题，他还在资金极其紧张的情况下，投资十万余元，建立了产品质量检验实验室，对每个批次产品的强度和甲醛的含量等指标都要进行质检，保证出厂的每批产品都达到国标水平。

在谈到诚实守信与从事经营活动的关系时，邓传根说："诚实守信就是公平、平等、信守契约。"2008年初的一场雪灾，使公司蒙受了极大的损失，厂房、仓库等被积雪压坏，公司生产极其困难。但因大雪压坏了许多树木，一些树木供应商手中有大量的木材要出售，在这种遭遇天灾的情况下，公司可以不收购或压价收购或赊欠收购，但他却千方百计筹措资金修理库房，按合同、按质、按价收购供应商的雪压树，并全部支付了现金，在农历新年到来之际，解决了供应商的大难题。在长期的交往合作中，他诚实守信的人格魅力获得了大家的一致认可。他们的关系由供应与被供应的关系转为经济合作者，甚至是肝胆相照、荣辱与共的兄弟，真正实现了合作共赢。

在人际交往中，邓传根真诚待人，实心做事，热心社会公益事业。大到国家的抗洪赈灾、"非典"、抗震救灾等事件的捐款，小到家乡的修桥修路、助学捐资、福利院捐助等，他都献出了爱心，得到了社会的认可。在得知本地有一位残疾人生活困难时，他克服困难，安排这位残疾人到公司上班，并给其购买了养老保险，解决了后顾之忧。

邓传根关心公司员工生活，经常与员工谈心、交流，了解他们有什么困难。2014年的一天，他得知一位原先在公司工作过，但现在已离开了公司的员工，因家中孩子患有白血病，生活很是困难，他当即拿出一千元现金送到这位员工家中，并勉励他克服困难。

　　邓传根"诚实守信、一诺千金"的理念为他的人生带来了荣誉与骄傲。他获得了2006年共青团安庆市委员会授予的"安庆市青年创业之星"称号，当选为中国政治协商会议望江县委员会政协委员。他的公司也被中共望江县委县政府授予"纳税先进民营企业"、"优秀企业"、"重点保护民营企业"以及"重合同、守信用"企业等称号。

　　（来源：根据"天涯论坛"2014年12月23日《诚信，企业最重要的元素》改写）

第二篇

规、谋、拼、稳

第五章　以正为本，处事有规

——做人要有原则　经商要有规则

做人要讲原则，经商要讲规则。做人如果不讲原则，一切都无从说起；经商如果不讲规则，就丧失了商人的信用和人格，事业也必定昙花一现。做人原则和经商规则，具体体现在控制情绪、人事两分清、让个人情感在规则面前止步、遵守游戏规则、规矩与利益等。

控制情绪，做生意不是要性子

要想做好生意，先要学会做人。生意人讲究的是心平气和，所以，做生意不能要性子，一定要学会控制自己的情绪，懂得克制和忍让，别让坏情绪影响了生意。

现实中，老板的脾气与企业规模成反比，真正做事业的企业家，都兢兢业业如受惊吓的小孩。相比之下，小老板却在发飙——骂老子、拍桌子、砸凳子。

有一个企业老板，他很烦恼，因为他的企业更像培训学校——优秀的人打着灯笼火把找不到，自己手把手调教出来的新人，好不容易能独当一面了，却毫不犹豫地和他说了再见。在招聘—培训—再见的恶性循环中，这家原本很有希望的企业却日渐势衰。

这不是个案，而是中国小老板们共同的烦恼。小老板从来不缺乏宏伟而远大的理想，很多人也不乏实现目的、达成目标的具体途径，但多数人却摆脱不了小老板的宿命。原因是，这些小老板们总是一个人在战斗，他们的追随者、合作者都哪儿去了？被老板的脾气吓跑了！

小老板们没有人不承认这一事实，但他们会告诉你——这是被逼的！他们说，做老板真不是人干的事儿：消费者的爱好就像六月的天气说变就变，很难把握；竞争对手又好比苍蝇一样来势汹汹，无孔不入，一不留心，战火烧到家门口，实在难以应付；商业伙伴像大爷，进场要烧香，销售要拜佛，要想收回货款还得赔上 N 多笑脸；职能部门像爹娘，惹不起也躲不起，而且还必须得小心侍候着……这一切，剪不断理还乱，自己忙，忙得不可开交，从两眼一睁，一直忙到熄灯。不管老板有多忙，员工却只当老板是假忙，背着老板，不是去打游戏就是去"偷菜"，你说做老板容易吗？脾气能好吗？能不发飙吗？

其实，地球人都知道这是借口和理由！因为人服于德，而不是服于力，老板们发脾气，由此带来的威胁只能让内外的员工和客户产生抵抗。抵抗之下，还有生意做吗？

做生意，就不能让自己做出过激过分的事情来。控制了情绪，就控制了大脑；控制了大脑，就控制了自己；控制了自己，就能做好生意。企业总裁应合理保持自己的良好情绪，顺利地开展自己的生意。

人和事要分清，生意归生意，感情归感情

现实生活中，经常出现打着朋友感情牌要求对方降价、优惠、给量等，出于朋友感情，出于"面子"，我们往往就妥协了。这就是典型的把朋友感情和生意混在一起，导致公司利益受损，违背公司利润最大化原则。由于好面子，重感情，讲义气，在朋友感情和生意合作的博弈中，让朋友感情击败了公司利益，导致公司利益未能实现最

大化，更有甚者，为了顾及朋友感情，不惜牺牲公司利益，让公司亏损，让朋友盈利。

"感情用事"一词本身就是带有贬义的，对于生意场上的人和事都是不利的。感情和生意大概可以有以下两种类型：一是感情控制了生意。常见的情况是，和客户谈多了，都忘记了自己是要赚钱的。因为当时自己也会安慰自己以后有机会，但是多半是自我安慰，没有认真、客观地去评估以后是否有机会。二是生意控制了感情。在人们的印象中，商人是图利的，这个没有错，但是不能因为利益而利用感情、出卖感情，最后沦落到没有朋友的地步。商道即人道，没有朋友的人生意也不会做好的。

感情跟生意有时候确实很难区分开来，为了朋友义气或者老客户的信誉问题，人们常常不能很好地将两者区分开来对待，以至于出现问题，发生矛盾，甚至最后不欢而散。混淆感情与生意就误事，既伤了和气，又严重地影响了生意的正常进行。那么，生意场上，怎样才能在维持感情的同时又能赚取合理的利润？这就需要在为别人考虑的同时，也要注意自己的利益问题。

《亮剑》中的李云龙和楚云飞可谓是惺惺相惜的一对，但在战场上他们却各为其主，相互算计，把对方往死里打。最后双方都身负重伤，躺在病床上，心里却都在关心对方。

李云龙和楚云飞两个人的关系，可以说达到了"和而不同"的境界。其实任何商业行为也应该如此，生意与感情"和而不同"才是王道。感情是商业的润滑剂，能够减少沟通成本、决策成本，商业促进感情深化，达到共赢。至于在实务中如何把握平衡，这要看我们是不是记得住"和而不同"，以及是否把握了保持平衡的艺术。

所谓"生意归生意，感情归感情"，并不是说生意是冷冰冰的生意。真正的生意是讲究信仰的，这个信仰就是商业信仰。什么是商业信仰？诚信！讲诚信的感情才是最真实的感情，而这种真实的感情是与生意永远联系在一起的。并且，这种真实的感情与"感情用事"无关，做生意不能感情用事，感情用事也做不了生意。

除了建立商业信仰，也应该按照《合同法》规定的公平、公正、公开的原则处理合作业务,抛开所谓的面子、义气、感情,生意合作才能够真正不受朋友感情的干扰。在生意场合只讲商业原则,在生活上只讲朋友感情,这样的商业合作才会真正维持市场化秩序,从而杜绝泄露标的、损公肥私、滥用职权、中饱私囊等扰乱市场秩序的现象,当然朋友感情也不会因为生意合作不成而彻底消失,正所谓"生意不成人意在"。

朋友感情会因为生意的合作发展而加深,也会因为生意的消失而逐步淡化,如果这样,就说明朋友感情是附属于生意合作的一种意识,生意是主要的,朋友感情是次要的。明白这个道理,我们就会巧妙、科学、妥善地用中国人特有的方式,来处理配合朋友感情和生意合作的关系。

让个人情感在规则面前止步

商业活动的终极目的是利益交换,这个规则是一切商业活动的"天条"。无视这个规则,用个人情感去对抗规则的行为,都是被魔鬼钳制着的不自由的行动,如果幼稚地靠个人情感去谈成一笔生意,靠个人情感维系公司管理,早晚会铸成大错。因此,在商业规则面前,单纯的个人情感必须止步!

老韩原来在一家大型企业从事营销管理工作十几年,对于企业内部管控、渠道建设、市场分析等有很深的理解,同时也积累了大量的社会关系和业务关系。随着他年龄的增长和企业晋升"瓶颈"等问题,他开始考虑打造一份属于自己的事业。有了这些想法,他开始在各种场合表达自己被压制的才能和郁郁不得志的现状,并试探性地与各方面的朋友商议如何建立自己的事业。由于他当时还在企业任职,很多商场上的朋友都积极肯定他的才干,并信誓旦旦保证未来会给予巨大的支持和帮助,老韩也逐渐对自己单干的想法有了更加坚定的信心。于是,在"再不拼一拼,就老了"的豪言下,老韩信心满满开始了自己的事业。

当老韩带着自己的产品一家家去找原来的朋友时，别人依旧非常诚恳和热情，安排最有特色和档次的酒店接待他，喝酒、吃肉、叙旧，到了晚上不是去洗脚就是去松骨，大家依旧是相互诉诉苦，说着彼此工作、婚姻、家庭、理想、社会、健康等天马行空的话题，感情无比热烈，气氛相当美好。可是一旦老韩说起自己的产品时，朋友们都面露难色，总在诉说自己生意如何艰难，自己资金如何紧张。就这样，老韩也发现朋友们虽然都说考虑考虑，但其实就是在拒绝他。最后，弄得他也不好意思再执意推销自己的产品。忙活了一圈，他发现以前那些称兄道弟、看似有用的关系，竟然没有为自己带来什么生意。

这个案例中的老韩没有错，他的朋友也没有错，只是他的朋友做商人做得太成功了，深谙利益原则，感情和关系服从利益，感性服从理性。朋友吃吃喝喝可以，但一旦涉及生意，大家首先考虑的是投入和成本，衡量的是风险和回报的比例。如果你的生意不能为别人带来利益，或者有可能产生损失，那作为一个合格的商人，哪怕就算是亲戚、朋友都会慎重考虑这个买卖合算不合算。

所谓"见商谈利"，商业上的利益交换永远是第一位的，而遵守商业规则是成为真正商人的要求，因此，我们完全没有必要去责怪商人经商好利而不重情面，市场是一只无情的手，它对每一个参与其中的人都是公平的。它不像生活中占点小便宜，一般就是几块钱、几十块钱的事，而经商稍有不慎，就是成千上万的损失，甚至会倾家荡产。大家得保持适度的理性，才能稳妥经营。一方面，商人如果为了自己的利益，有可能让别人承担风险，那遭受拒绝和冷漠是很正常的事情；另一方面，商人需要找出一系列的逻辑和实证，告诉别人如何保证未来的收益，取得信任并建立合作。

"利益是相互的"，这个商业规则终究是一个真金白银的博弈，也是一个精度极高的数字游戏。我们只有遵守这样的规则，才能在其中生存。商业活动中，利益是感情和关系的纽带，这就是商业的基本原则。掌握这个原则，你才能玩赢这个游戏。

要么离开，要么就遵守游戏规则

商业活动如同游戏，每个企业的经营活动都是一场游戏。是游戏就要有游戏规则，否则，游戏就玩不下去。但是，游戏规则是谁制定的呢？在企业中是老板。参与其中的任何人，都必须学会接受并遵守这个游戏规则，不要试图打破这种规则，否则就要付出代价。

在一家批发零售类公司有一名老员工，他仗着自己在公司里服务了几十年，对所有人都态度傲慢，语言刻薄，闹得大家对他的印象都不好，有什么工作都宁可自己干也不愿意和他搭班。而且此人经常在关键时刻递请假单，经常一到销售旺季就不见人影，大家忙得要命的时候还要分担他的工作。公司老板想辞退他，但算一下经济补偿金额太大了；想降低他的岗位，他也没犯什么大错。后来，公司老板决定增大他的违规成本，迫使其做出选择：要么遵守公司的各项规章制度履行其岗位职责，要么提出辞呈离开公司。这名老员工不习惯受严格约束，最后主动离开了公司。

案例中的老员工在规则面前不得不做出选择，其实企业总裁也面临要么离开，要么遵循规则的问题。游戏必须按规则进行，任何人进入游戏都必须遵照执行，不遵循游戏规则的玩家必定最先被淘汰出局，而不遵循职场规则的人也必然被最先淘汰。

企业总裁重任在肩，因此，更应该给员工留下好的印象。身教的作用是不可低估的。只有为员工做出了良好的示范，总裁才会成为一个让人信服的人。

联想集团总裁柳传志规定，如果谁开会迟到，就罚站一分钟。很快就有人"中奖"，还是个部门总监。柳传志不管这些，哪怕是企业的元老功臣，一样不会手下留情。柳传志没想到，自己也成为这项新制度的受罚者。那天下午两点，联想集团要召开董事会议。前几天，柳传志在外地和大客户洽谈业务，订的是早上9点起飞的航班。孰料返程时遭遇强雷暴天气，机场不得不暂时封闭，航班大面积延误。飞机落地时，已经是下午一点半。从飞机场往公司紧赶慢赶，还是迟到了10分钟。走进会议室那一刻，所有人都把目光聚焦在柳传志身上。这一次，是董事长自己迟到，接下来会发生什么情况？众人心中都在揣测。柳传志心中有些矛盾：执行制度，自己的领导威信会不会受影响？自己不受罚，以后这项规定还能执行吗？权衡利弊，他缓缓地对大家说："对不住各位，因为飞机航班延误，今天我迟到了。不过无论什么理由，会议迟到都是不允许的。因此，我也要罚站一分钟。"一分钟过去，柳传志才坐下，和众人商议重大事项。这件事很快在联想集团员工间传开，连董事长都不能幸免，就没人再抱有侥幸心理。这项制度，从1990年一直执行到现在，柳传志总共三次受罚。在制度的约束下，会议迟到现象几乎绝迹，员工们工作的积极性和主动性也大为提高。

规则是企业健康发展的保证。光有规则还不行，还必须树立规则的权威，让规则落到实处。柳传志被罚站，就让员工明白规则不能随意触犯。有了规则保障，企业发展中遇到的"瓶颈"就能迎刃而解。

对于游戏规则，任何人的选择只有两条：要么遵守，要么离开！

先说断后不乱，画好了道就得认

先说断后不乱，就是先小人后君子的意思。先使当事双方知晓自己的责任和义务，目的是按照谈妥的方案执行，避免发生纠纷和争执。经商做事讲究遵循一定的规则，既然画好了"道"，明白了自己的责任和义务，就必须遵循规则，担当责任，尽到义务。企业总裁的责任和义务，就是努力经营好公司，同时尽最大可能给予员工丰厚的待遇。

明确并履行好自己的责任和义务，是对企业总裁的基本要求。事实上，基层管理者明确责任和义务并勇于担当，也能够打造、成就一个企业总裁。

郑强大学毕业后第一份工作，是在一家外资企业做普通行政工作。按照惯例，每年年终的时候，公司都会召开全国代理商大会，一是为了交流经验，二是借此机会表达公司对大家的感谢。公司总部在新加坡。平时，董事长很少来中国，但是，每年大会的答谢晚宴，他一定会参加。

这年年终的晚宴，原来一直担任主持人的同事因为生病住院，公司就把主持的任务临时交给郑强。按照一般人的想法，主持一个晚宴，非常简单，无非就是要要嘴皮子，把气氛弄得热烈一些。郑强觉得，不应小看这顿晚宴，董事长和大家见一次面不容易，一定要创造出最好的气氛。既然见面，重要的环节之一是互相介绍，能不能从这里下功夫？他开始琢磨起来，董事长和大家难得见一次，就算以前和一些代理商见过，可能很快就忘了。另外，每年都有新的代理商加入，还有一些代理商换人，所以，绝大部分的代理商，董事长还是不认识的。这个事情并不简单。晚宴开始前，董事长在贵宾室休息。郑强写了一张纸条让人送进去交给董事长。

很快，晚宴正式开始。董事长做了一个简单的开场白，郑强领着董事长，来到经销商桌前，将一个人介绍给董事长："这是山东的总代理。"董事长一听，立即握住对方的手，热情地说："李总啊，您好！去年，山东的销售额做到××亿元，是中国区业绩最好的，非常感谢。"李总不觉一愣，心想，我们是第一次见面，他怎么知道我的名字？随即，李总觉得心里暖洋洋的。接下来的介绍，董事长一一叫出对方的名字，让大家有了一种前所未有的荣誉感。很多代理商，董事长根本没有见过，怎么会知道他们的名字呢？原来，秘密就在郑强递的纸条上，上面写着几个重点代理商的名字和去年销售额排名的情况。结果，这一年的晚宴，比以往任何一年的气氛都要融洽。不少代理商表示，来年一定要做得更好。

董事长多次参加晚宴，别人都是人云亦云，唯有这位小伙子那么用心，自己没有想到、没有要求的，小伙子主动想到、做到了，把工作做到了自己的心坎上。很快，郑强被提拔。七年之后，他成为公司的中国区总裁。

一张小字条，看似简单，其实体现了郑强做事的风格，是尽到自己的责任和义务的智慧成就了郑强。总裁，就是这样炼成的！

有规矩才有利益，违规者终出局

规则能够保证社会公共生活的有序、安全、和谐与文明。所以，只有自觉遵守规则，遵守社会秩序，才能维护个人利益和集体利益。在商业领域，规则与利益的关系尤为密切和直接：遵守规矩，则自己获利，也能利及他人；违反规矩，不但无利可获，而且损害他人，违规者终将出局。下面这些负面案例或许更有警示作用。

据新民网、和讯网等网站报道，2015年3月15日晚20：44，央视"3·15"晚会在万众瞩目下于央视1套现场直播。晚会的主题是"消费在阳光下"。晚会不负众望一口气投出了七颗"重磅炸弹"，无论你是哪个行业的大公司大企业，都大不过消费者的权益！

第1弹：东风日产、上海大众、奔驰4S店小病大修牟取暴利！

车主们注意！央视财经记者调查4S店发现：东风日产、上海大众、奔驰4S店会故意虚报和夸大车辆故障，从中牟取暴利。一个简单的汽车故障，如点火线圈插头松动，重启系统即修复，在这些4S店却要你更改火花塞等各种大修，其中奔驰维修费报价近万元。

第2弹：小心你加的汽油有毒！

加油后车子还没劲、抛锚？真相：在山东省东营市、滨州市，许多不法厂商调和各种石化原料，年产量达五六十万吨，获取暴利。而且这种调和汽油竟然还符合国家标准，加油站默许直接加到了咱消费者的车里，调和汽油含甲缩醛，易造成汽车线路漏油，还会挥发有害气体，污染环境，影响健康。

第3弹：路虎，路虎，恐怖的"拦路虎"！

说起路虎揽胜极光车，消费者用最多的词是"恐怖"。要么走在路上不动了，要么倒挡失灵，全国类似案例不计其数，虽然这被诊断为变速箱故障，但部分车主说换了两次变速箱仍故障频发。路虎中国公司甚至将变速箱故障原因直接推到用户身上，嫌车主开车太着急……

第4弹：谁来管管来路不明的保健品？

72岁的王大妈，平时省吃俭用，为了健康，偏爱购买各种保健品，多达30多个品种，投资近40万元。但记者仔细看了看这些所谓的药，大都没有任何批准文号，来路不明。王大妈怎么都不相信，保健品并没有给她带来健康，留下的除了一身的病痛，还有沉重的外债……

第5弹：中国移动、中国铁通竟是诈骗电话幕后推手！

骚扰电话一天十几个？对方还冒充警方、银行等诈骗，谁是幕后推手？你肯定不敢相信，中国移动、中国铁通在为骚扰电话提供各种支持，甚至给"10086、110"之类诈骗电话开绿灯，对于诈骗电话显示虚假主叫号码，仍然允许透传。

第6弹：用假身份证可在工行、中行、农行成功办理业务！

诈骗犯到底咋洗钱？他们从网上购买一套真的身份证＋银行卡＋手机电话卡＝成功用此转移财产。那么问题又来了，这些银行卡哪来的？记者深入调查发现惊人内幕：网上买一张别人的身份证，拿去四大银行，其中工商银行、中国银行、农业银行可轻松办理银行卡……

第7弹：联通手机实名制形同虚设电话卡随意可买到。

手机实名制形同虚设！联通公司员工为完成开卡任务→偷偷利用消费者留下的身份信息→再次重复激活开卡（一身份证可开五张卡）→完成开卡任务→余下手机卡20

元/张卖给卡贩子→卡贩子卖给诈骗犯。你名下有没有手机僵尸号？小心有天警察找上门。

作为企业总裁，应该清楚认识到，我们的企业是新一代企业，客户的需求就是企业的追求，客户的满意就是企业的满足，客户的利益就是企业的效益，企业的光明前景就是企业总裁人生奋斗的光明前途。因此，不做制度的违规者，就应该时刻这样警示自己：我的言行失误可能给客户带来很大不满！我的工作错误可能给企业带来巨大损失！我的情绪低落可能给团队带来消极影响！我的思想偏差可能给自己带来终身遗憾！

案例分析：Brian Hamilton 的六条商业规则

Brian Hamilton 是一个企业家，也是一位创业者，他从过去几十年的从商经历中学习到很多经验。下面的六条原则是他教导他两个准备暑期创业孩子的，他们一个 19 岁，一个 16 岁。对于那些第一次创业的人来说，这些规则也是极其有价值的。

一是设定真实的期望。Brian Hamilton 两个儿子的第一个想法是建立一个网页设计公司。但是很快，他们发现这个想法要遇到的竞争，使他们不能在一个暑期就让公司站稳。于是他们改变主意给人们清洗房屋。Brian Hamilton 的建议是开始做生意（尤其是第一笔生意）的时候，需要问自己："什么是挣得第一个美元的最简单方法？"你的第一次尝试，要不排斥所有使创建公司运转起来的想法，接下来，你再继续你的商业梦想。

二是要短小精悍。Brian Hamilton 的两个儿子都与人很友好，所以在他们的第一次创业中，他们特别希望把他们的朋友也加入进来。不过 Brian Hamilton 提醒，运行一个低利润的公司，尤其是在公司的初期，意味着你必须以有限的雇员数完成工作。直到业务有了客户基础保证，否则公司不能扩充人数。

三是利用廉价的市场营销。年轻的创业者认为他们有很多免费的营销渠道。对一些企业而言，分类广告、SNS、微博等都是他们接触潜在新客户的渠道。但是这些方法可能对于 Brian Hamilton 儿子的高压冲洗房子的业务并不合适，于是他们不单纯依靠在线方式，他们印刷了 1000 张小广告传单在邻里间发送。这些广告传单只花了 20 美元，但是却给他们带来 4 个客户。

四是不要出价太低。几乎每个公司在一开始都有这样的认识，即在第一次办公司的人心中的传统智慧是，竞争中低价销售是得到第一个客户的最好方法。Brian Hamilton 对这个规则的要求是要在所预估的费用上加上不可预见费。Brian Hamilton 两个儿子曾经遇到这样的情况，就是他们被要求清洗车道的建筑面积是在电话中描述的两倍。得到的教训是：告诉客户所有的报价会根据不可预见的环境有改变。

五是找到合适的合作伙伴。Brian Hamilton 的两个儿子创业的时候比较害羞。结果他欣喜地发现一个儿子是天生的销售，而另一个擅长做规划，是天生的 COO（首席运营官）。Brian Hamilton 指出创办一家公司最令人失望的事情之一是孤独。所以拥有一个合得来的伙伴，并且你们的能力是互补的，这对成功而言很重要。

六是通过做来学习。Brian Hamilton 表示当他是一个有抱负的年轻创业者时，他读了很多他认为运营企业的最好的书。他也表示虽然读书对创业者而言是有帮助和启发的，但是后来他发现最伟大的商业课程都来自于实际的工作中。所以，在 Brian Hamilton 两个儿子的创业过程中，即使他知道他们正在犯一个错误，他都尽力不给儿子们太多帮助。Brian Hamilton 相信在开始创业的 6 个月内，自己儿子会了解一个成功的企业家需要知道 90% 的商业经验，这个学习过程是他们不能在其他地方得到的。Brian Hamilton 相信也许下个暑假，两个儿子会有足够的知识进入到网页设计领域。

上述这些原则确实非常简单，但是也非常实际。创业首先是让自己可以活下来，因为活着才有希望，也才能想如何更好地活。

（来源：根据"中国风险投资网"2012 年 8 月 14 日《创业初期需要遵守的 6 条商业规则》改写）

第六章　明辨是非，纹理密察

——要想成功就要注重谋划

凡事预则立，不预则废。努力是取得成功的必要条件，但做事还要明辨是非，纹理密察，注意有计划地进行。注重谋划，必须积极主动地了解行业领域的信息与规则，制定实现目标的可行性计划，全面分析并找出利润点，先做好能做的事，将理性规划贯穿于激情行动。

预则立不预则废，没有偶然的成功

"凡事预则立，不预则废"这句话出自唐代著名文学家韩愈之手。它的含义就是不论做什么事情，事先有准备、有计划就能取得成功，否则就会失败。

计划与成功之间有着必然的联系。人的意识在反映客观世界时应该具有目的计划性、自觉选择性和主动创造性。所谓目的计划性，即人在反映客观世界的时候，总是抱有一定的目的和动机；所谓自觉选择性，即在实施行动之前要预先制定蓝图、目标、行动方式和行动步骤等，只有当人们的实践活动需要时，人们才会去主动地反映它；所谓主动创造性，即人的意识在反映客观世界时，既能反映事物的现象又能反映事物的本质，既能追溯过去又能推测未来。这就是说，客观世界的规律作用重大，如果不"预"，不去考证就蛮干，很可能一辈子也无法成功。

计划之于成功的作用同样适用于企业管理实践。在企业中，虽然从最高管理层到最低管理层普遍认识到了计划工作的重要性，但是更常见的情况是各级管理者对计划工作没有真正承担起责任来。他们有一种自然的倾向，就是宁愿去救火、应急、打蛇，也不愿去做计划，因为这些活动看起来似乎更重要一些，也更能引起人们的注意，而且不经思考火速做出的决策也似乎更富有情趣。这就需要企业总裁在管理工作的各个方面都创造一种推动人们致力于计划工作的气氛。

就企业总裁自身而言，拟订企业战略也是一种计划，而且是更重要的计划。在这一点上，有的总裁往往关注甚少。战略给企业的计划工作指出了一个统一的努力方向。如果没有健全的战略，就会经常出现工作走错方向的情况。当然，如果战略不用行动计划去实现，它也只是一种愿望或希望的表达而已。一个好的企业战略计划，会最大限度地避免企业各级管理者的工作失误。

企业总裁拟订战略计划，必须根据本企业的长处和弱点以及有可能影响目标实现的内外部环境因素来确定，必须以统一的、大家都能够理解的工作为前提条件来拟订。同时，计划工作是一种合乎理性的实际应用，它要求有明确的目标，对可选择方案有所了解；并有能力按照所要达到的目标、所选择的信息资料和要求得到美满结果来分析各个抉择方案。另外，经验并不总是有效的，也可能是一个危险的教员，因为在过去发生的事情不一定能适应将来的情况。因此，总裁要认识到"经验"的实效性，克服原有经验的局限性。

对一些企业总裁来说，要经过几番努力才能养成事事先做规划的思维方式。因此，要养成凡事先谋划的思考习惯，使自己的想法清晰化，制定实现目标的计划，并定出最后期限；同时，要相信自己和全体员工的能力，有把计划进行到底的决心。

总之，成功始于计划，没有计划就等于是在计划失败。没有人愿意失败，但却在不自觉地把自己推向失败之路。要知道，世间没有偶然的成功，成功往往不是站在自信的一方，而是站在有计划的一方。

积极主动，了解行业领域的信息与规则

企业总裁需要在工作中不断了解和掌握行业领域的信息与规则。当年福特造汽车还不是流水线生产，这个灵感来自于老福特参观了屠宰牛的工厂，发现一步一个工作，可让效率最大化，于是汽车工业就带来了流水线的生产。可见，对一个行业的研究和了解是一个开发的过程，跨行业的创新常常能给一个行业一次洗牌的机会。

快速了解一个行业领域的信息与规则，这件事本身不太可能高速完成，最好的办法是先摸清最主要的情况。为此，不妨通过问几个关键问题入手，这些关键问题应该围绕着一个根本性的问题，即这个行业的链条是怎样运转起来的。

这些关键问题是：这个行业的存在是由于它提供了什么价值？这个行业从源头到终点都有哪些环节？这个行业的终端产品售价都由谁分享？每一个环节凭借什么关键因素、创造了什么价值获得它所应得的利益？谁掌握产业链的定价权？这个行业的市场集中度怎样？这个行业的核心商业模式是什么？这个行业盈利方式有几种？产业链上每个环节的关键因素是什么？

通过什么渠道来获取这些信息呢？一般来说，信息获取的渠道应该包括：行业权威网站，咨询公司的分析报告，行业交流站点或论坛的热门帖子，业内企业的培训课件，行业展会或者论坛，合作伙伴和代理商，竞争对手，招投标网站，等等。

比如，在不了解行业的时候，参加行业内朋友推荐的展会，是快速了解行业的一种途径。参加一二十次展会，基本上会清楚哪些展会价值大。展会是认识行业内有实力的竞争对手、产品、专家的好机会，然后通过他们来介绍，会掌握很多的行业信息。再如，锁定主要的竞争对手之后，对竞争对手进行系统化的分析，主要是对竞争对手的网站、产品实物、财报、专利、用户口碑、代理商评价、招投标信息进行多维度信息分析。如果想进一步了解一个行业的信息与规则，经常做实地研究是必不可少的。

另外,要有目的地去了解行业,因为了解行业总归有一个明确的任务。比如为了推广新产品,可能做的工作是:清楚公司产品的优势和劣势;分析竞争对手的产品,设计出差异化定位和市场宣传策略;完善产品设计,提高产品竞争力,使产品不容易被快速复制,提高竞争门槛;了解用户有无稳定增长需求,自己的产品是否有机会进入;了解用户的特殊使用细节,用来定制产品,形成差异化,提高竞争力,提高价格;用户的采购模式是怎样的?如何确定一个合理的价格?行业内最有竞争力的代理商是谁,我应该和谁合作?等等。

任何一个人在行业领域的信息与规则面前,都不要以为自己就是老师了,其实我们都是学生,因为现代科技日新月异,我们的学习也是不能间断的,只有这样才不会让自己落后。总之,不管是在心态方面还是在技术方面,积极主动地了解行业领域的信息与规则并对之进行分析都是必要的。

有目标更要有实现目标的可行性计划

理想与梦想如果失去了行动的支撑,就好像没有能源供应的汽车,无法行驶,而计划则是规划行动的最好方式。在制订可执行的计划方面,中海壳牌为其他企业提供了一个范例。

在制订计划时,壳牌通常先采取"闭门造车"的方式,在办公室内做一个初步计划和方案,然后征求其他人的意见。一些较重要的计划,还要组织员工进行充分的讨论,广开言路,集思广益,再进行下一步工作的分解细化,直到把计划做得完全彻底。对于一些非常重要的计划和方案,就要下更大的工夫,分析可能出现的问题,定出各种方案,然后进行利弊分析。最后,要对倾向选择的那个计划方案做出相关的理由陈述,以供决策者客观地做出决策。

在壳牌，计划几乎覆盖到每一件事情。这也是各级管理者的基本功，是壳牌文化的一种体现。这就保证了员工的日常工作都是能够按照计划执行的，自然可执行性就提高了。在壳牌，即使是外出访问和交流以及集体外出活动，都必须事先精心计划、周密安排。

同样，那些需要出差、开会或者参加培训的员工，也需要事先制订计划。如果没有计划和预算，上级一般不会批准下属的申请。有一次，一位来公司不久的部门经理要求出差。当他请示上级时，上级问道："有计划吗？有预算吗？紧急吗？如果没有，不要去。"由于事先没有出差计划，这位经理只好作罢。

没有周全的计划、精密的计算，任何企业都难以真正有效地控制成本。只有严格控制预算，计划才能被有效体现。中海壳牌的员工在花钱时，遵循的就是"看菜吃饭"的原则，也就是花钱之前要考虑是否有预算，如果没有预算又没有特殊理由，那么员工是不能随意花钱的。有时也可以对预算进行一些调整，但调整只能在本部门的范围内，余地并不大。虽然这么做有时显得不够灵活，却能实现企业总体成本的有效控制。壳牌之所以如此严格地控制预算，也与它一贯坚持的财务保守性相吻合。

计划在执行中的扭曲和变形，是对公司战略的最大危害。因此，在壳牌，只有遇到紧急情况和特殊情况才能更改计划。当然，前提是必须上报并经上级批准后才能更改。擅自更改任何计划都是不允许的，一旦有人违反就要受到惩罚。公司这样做的目的，是为了教育员工认真遵守工作计划，强化他们按计划执行的行为习惯。

中海壳牌在经营过程中的计划性值得所有企业学习。

很多企业，不缺乏战略，也不缺乏计划，但往往缺乏执行计划的严肃性。有时虽然计划做得周全，但在执行的过程中总是被一些人擅自更改，这就造成一些计划由于执行的随意性过大，员工在无所适从中产生了逆反心理，最终导致战略的"变形"。

全面分析，找出属于自己的利润点

企业总裁如果不去研究企业经营状况，不去总结企业经营过程中存在的隐患，就等于增加企业的成本负担。成本提高，则利润下降。没有利润的企业终究是"泡沫"，因此，不管短期决策还是长期决策，都要考虑利润，首先要找到企业内部的"隐形成本杀手"并"对症下药"，其次要从内部和外部寻找到新的利润增长点。

事实上，企业的"隐形成本杀手"就存在于日常经营活动中，如表2-1所示。

表2-1 企业的"隐形成本杀手"

存在形式	表现方式
会议成本	"会前无准备，会中无主题，会后无执行，与会无必要，时间无控制，发言无边际"的"六无"现象，导致每个月发放薪水和总结收入时，财务报表的数字总是成为经营者奇效的"失眠药"，殊不知这颗"药"的很大一部分成分就是会议
采购成本	一味地追求低价采购而忽视项目进度，比如为了低价采购几万元的原材料而耗时间，致使整个项目团队枯燥等待而无法和客户签约
加班成本	很多总裁认为员工加班是一种敬业现象，殊不知员工因为任务太重而造成效率低下，因为加班耗费精力和体力而严重透支健康，因为员工利用公司资源从事个人事情而使企业重要数据丢失，等等
人才流动成本	人才流动不仅是人才本身的离开，还可能因为员工的职业素养而泄露企业重要的内部资料或信息
岗位错位成本	典型的就是没有"将正确的人放到正确的位置"
流程成本	流程混乱或不合理，失去对各项工作系统性的控制，很多工作半途而废，还有很多工作需要返工，无奇不有
停滞资源成本	例如闲置的设备、积压的库存、低利用率的岗位职业、闲置的资金、搁置的业务等，可以说是最广泛的"隐形成本"

存在形式	表现方式
信用成本	很多企业习惯拖欠供应商货款，习惯拖欠员工薪资，习惯克扣他人，习惯拖欠银行贷款等，从长远来看，这些都会成为企业经营的严重隐形成本
风险成本	将企业推向快车道是每个企业家的梦想，但是风险系数也因此而同步增加。有无数案例证明，企业的风险很多是因为预料不足或管理不善造成的，在风险发生前，都早已埋下隐患

由此可见，企业在经营管理中，常常要背负很多负担，而隐形成本正是其中最重的负担。发现并有效降低以上隐形成本，是企业增加利润的重要途径，也是企业进步的有力举措。

现在企业将产品卖出去不难，扩大市场份额也不难，甚至在一定时间里要求增加一定的销量也不是难事，难的是利润率在不断降低。那么，如何寻找属于自己的利润点？可以着眼于如下途径，如表2-2所示。

表2-2 寻找属于自己的利润点的途径

途 径	操作方法
从利润的来源上寻找	在财务上有一个关于利润的简单概念：利润＝收入－成本。通常情况下，企业通过营销手段扩大收入、通过管理手段降低成本实现利润的增长，问题是这种分而治之的想法在理论上虽然成立，但是在实践中变得越来越难。问题的根源在于这两者之间不再是孤立的和静止的，是相互作用和转化的。认识到这个根本上的原因就会明白单纯从营销和管理的独立层面解决不了企业的利润增长问题，而是需要思考与回答诸如谁给我们钱、他们能够给我们多少和多久、我们需要多少成本掏出他们的钱等之类的问题，因为这是关于利润来源的真正思考
从利润的生成过程中寻找	很多人非常习惯也擅长从利润差价中寻找利润的增长点，对利润的生成过程却想得不多，办法也很少。所谓的利润生成过程，是指利润最大化的交易时间、地点和可复制程度。在产品同化、销售同化的时代，着眼于利润的生成过程往往会得到意想不到的收益
从利润的产出形式上寻找	实际上，很多时候利润的多少不仅仅是由差价决定的，利润的产出形式变得越来越重要，能否发现这种产出形式上的细分差别往往决定了一个产品或者一个企业的盈利能力

值得一提的是，中国的市场经济发展到今天，已经不再只是产品同化、广告同化、促销同化的问题，解决同化的有效途径也不再是同一层面的差异化所能办到的。同化问题的根本解决，是盈利模式上的创新和突破，盈利模式的创新以及操作上的差异化

解决方案，才能从源头上解决企业的利润增长问题。

做好能做的事才有机会做想做的事

很多时候，我们感到自己当初有万丈豪情、壮志雄心，但往往事与愿违、一事无成，其实可能是我们总想得太多，做得太少。我们只有做好能做的事，才能去做想做的事。

一位青年满怀烦恼去找一位智者，他大学毕业后，曾雄心勃勃地为自己树立了许多目标，可是几年下来，依然一事无成。他找到智者时，智者正在河边小屋里读书。智者微笑着听完青年的倾诉，对他说："来，你先帮我烧壶开水！"青年看见墙角放着一把极大的水壶，旁边是一个小火灶，可是没发现柴火，于是便出去找。他在外面拾了一些枯枝回来，装满一壶水，放在灶台上，在灶内放了一些柴火便烧了起来。可是由于壶太大，那捆柴火烧尽了，水也没开。于是他跑出去继续找柴火，可回来时却发现那壶水已经凉得差不多了。这回他学聪明了，没有急于点火，而是再次出去找了些柴火。由于柴火准备得足，水不一会儿就烧开了。智者这时问他："如果没有足够的柴火，你该怎样把水烧开？"青年想了一会儿，摇摇头。智者接着说："你一开始踌躇满志，树立了太多的目标，就像这个大水壶装的水太多一样，而你又没有足够的柴火，所以不能把水烧开。要想把水烧开，你或者倒出一些水，或者先去准备柴火！"青年恍然大悟。

青年回去后，他把计划中所列的目标划掉了许多，只留下最近的几个，同时利用业余时间学习各种专业知识。几年后，他的目标基本上实现了。

这个故事告诉我们同样的道理：只有删繁就简，从最近的目标开始，先做好能做的事，再去做想做的事，才会一步步走向成功。

"不积跬步，无以至千里；不积小流，无以成江海。"成功从来都不是一蹴而就的，成功需要不断积累。如果你想去推翻一块大石头，一定要积蓄足够的力量，然后先从推翻小石头开始锻炼，再推翻一个大一点的石头。就这样反复练习，最终一定会取得成功。做好自己能做的事，才能够去做自己想做的事。前者是责任，后者是幸福。

理性规划，激情行动

有人说，人有两个世界：一个是感情世界，喜怒哀乐，欢愉悲愁，激情满怀，哀忧遍身；一个是思想世界，思考计算，研究策划，深谋远虑。其实，更多时候这两个世界是合二为一的，感情的煎熬和思想的焦虑往往同步，激情的迸发和思想的放飞也常常不期而遇。对于成熟的企业总裁来说，用激情碰撞理性，是他们对世界的表态。

在这个丰富多彩而又充满危机的世界，企业总裁要干一番事业，必须"立长志"，而不能"常立志"。"常立志"者激情澎湃，却只能在一阵浪涌后便偃旗息鼓。凭借一时的热情干事业，刚做到一半甚至才开了个头，发现与目标相距甚远，便推翻一切，从头再来，空耗个人精力，浪费企业资源。"立长志"者会将激情隐藏于心，对人生和事业深思熟虑，谋而后动，在对主客观条件审慎研究之后，等目标和方案都具有了可行性，才付诸行动。而阶段性的成果反过来又能坚定信心，巩固深藏未露的激情。

理智不是躲躲闪闪、畏畏缩缩，不是等待所有的条件都成熟后才去行动。因为有时候对于企业创新而言，前面的路并不十分明朗，企业总裁需要去闯，敢于做"第一个吃螃蟹的人"。如果把理智当作躲避困难的挡箭牌，当作怯懦的托词，便是对理智的亵渎。从某种意义上说，过分的理智往往意味着创新意识的衰退，意味着心态的老化。另外，即使目标的制定和方案的确定是理智的，如果实施中的一个小步骤缺乏激情，也会导致因动力不足而效率低下。因此，我们需要的是将激情和理智完美地结合在一起。激情能使你拥有昂扬的斗志和必胜的信念，理性的思考能使你获得正确的目标和科学的方法，同时也能将可能误入歧途的你引回正道。

企业总裁往往一半是激情，一半是理智，一半是火焰，一半是海水。放飞激情，沉淀理智，高温熔铁，冷水淬钢，企业才会蓬勃发展，人生才会与众不同。

案例分析：屈臣氏背后的商业谋划与利润

屈臣氏是长江和记有限公司旗下屈臣氏集团以保健及美容为主的一个品牌。屈臣氏选择的是以日化类产品为主导，以差异化为基本路线，兼顾自主品牌与大众品牌的连锁经营模式。这也决定了屈臣氏的商业选址相对灵活，更决定了屈臣氏必须以提供更为便利的购买方式和差异化的产品作为竞争利器。

在屈臣氏的发展过程中，并购是其主题之一。英国 Savers 连锁店、荷兰 Kruidvat 集团、拉脱维亚 DROGAS 零售连锁店、英国 Merchant Retail 香水连锁店、马来西亚 Apex Pharmacy SdnBhd 药店等一系列并购，让屈臣氏在自有品牌创建和产品研发、渠道积累方面有了足够大的回旋余地。2005 年斥资近 55 亿港元收购法国最大香水零售商 Marionnaud 的控股权，紧接着又将总部位于俄罗斯圣彼得堡的保健及美容产品连锁店 Spektr Group 收入囊中，此番举动在欧洲引起了巨大震动。这是屈臣氏首次在欧洲大规模地扩张。

屈臣氏通过并购所带来的渠道、产品和技术研发等核心要素，加上极具号召力的国际品牌、具有竞争力的自有品牌、严格控制产品品质的生产外包、花样翻新的促销模式，得以不断培养消费者的黏性，聚集目标消费者。一方面是品质保证，另一方面是价格诉求，这一策略具有相当大的杀伤力，因此避免了零售业司空见惯的价格战。

在商业选址方面，屈臣氏借势寄生于大型卖场超市，深入商务中心和商业社区，专注于那些对价格并不敏感但对价值及便利性要求很高的目标消费群，这些核心区域旺盛的人气可以帮助屈臣氏更好地树立品牌形象，每一个店面都是终端活广告，反哺其零售业务。而屈臣氏的自主品牌坚持走多种类和低价传播路线，力求满足多元消费需求，由于这些产品极富差异化的特征和品质感，更容易激发目标消费人群的好奇心，促使其尝试性购买。

屈臣氏有很多拳头产品，比如蒸馏水，由于其瓶盖套瓶盖的新颖设计和符合人体工学的流线型瓶身造型，能在众多水瓶中脱颖而出，而其独树一帜的时尚感能够在巩固原有顾客的同时吸引更多时髦年轻人的注意，增加购买者的心理附加值。屈臣氏选择了高成本的包装，并且没有为此提高商品的销售价格。

成功的促销模式也是屈臣氏火爆的重要原因之一。周期性地推出特价产品、换购和买送，这三种促销手段构成了屈臣氏的促销模式。这一促销模式看似老套，俗不可耐，甚至让长时间关注屈臣氏的人感到疲惫和厌烦，但对于已经在消费者心中形成品牌认知度的屈臣氏来说，却非常实用。这种没有创意的促销模式，恰到好处地把握了消费者的投机性消费心理，让消费者心甘情愿地多付费。

屈臣氏大打降价牌，降价商品多达上百种，折扣幅度最大为50%。但这其实只是一种姿态性的策略，事实上，即使是降价后的商品，依然比其他大型超市同等商品的价格贵得多。最有说服力的是，在那些在意价格的人看来，屈臣氏的商品品质是值得信赖的。

（来源：根据"中国网"2007年6月8日《屈臣氏背后的"商业谋划"与"利润"》改写）

第七章　勇敢果断，勇者无惧

——生意是拼出来的

生意中最重要的是拼搏，在生意场上，强者自强，没有拼搏就没有成功，抢占先机才能占道制胜，还要有点冒险精神，认识到风险与成功相伴，正确处理冒险与理智的关系，做到有胆有识，把握良机。

强者自强，没有拼搏就没有成功

《周易》中说："天行健，君子以自强不息。"一个国家，一个民族，要自强不息；一个企业，一个公司，要自强不息；一个人的一生也要自强不息。只有自强不息，才能发展，才能保持恒久的生命力，才能立于不败之地。

没有拼搏就没有成功，自强不息是一个企业总裁最宝贵的品格。坚韧不拔不是蛮干，而是要讲科学，分析目标实现的可能性，根本不可能实现的东西，不要去追求；能实现，但要经过努力能实现的有价值的目标，一定要坚韧不拔地去实现。同时，还要有正确的方法，选择最佳的实现方案。

企业在初创阶段，在进行资金筹集、产品开发，还没有生产出高质量产品，没有在市场上占有一席之地，没有获得经济效益的时候，即处在发展前的潜伏准备时期，这个时期的企业开拓者，会遇到很多困难，一定要有坚强的意志，不要因为有困难而动摇自己的信念，不要急于成名，也不要因为一时不能成名而苦闷，更不要因为自己的事业不被人理解而苦闷，要有坚忍的意志，去干好自己要干的事。

经过充分的准备，企业生产出第一批产品，在市场上销售，得到消费者的欢迎，即这个企业在市场上崭露头角。由于它的产品质量好，因而利于与消费者见面。这说明这个企业已获得初步的成功。但仍须继续努力，保持诚信之德，防止见利忘义的邪念侵入，保持竭诚为消费者服务的态度，不要居功自傲，这样才能使企业的恩德广泛传播给消费者。

产品在市场上获得成功之后，还必须进一步进德修业，要从利国利民的角度出发，继续努力，开发新的产品，不能沾沾自喜，满足现状，止步不前。只要勤奋努力，进一步开发新的产品，保持高度的警惕，即使遇到强劲的竞争对手，也不会在市场上失去主动权，给企业带来不利。因为这中间是有规律可循的。从管理学的角度看，市场经济是竞争很激烈的经济，如果企业对产品的需求和市场动态没有预见性，可能带来严重的不利后果。必须始终保持勤奋进取，不断开拓创新，才能立于不败之地。

经过努力，企业达到了相当的规模，取得了一定的成就之后，是停滞在原有水平还是进一步向更高的目标前进呢？如果想居安而不求上进，虽然不会有大的危险，但将错过时机，所以，总裁应该进一步收集信息、筹集资金、开发新的产品，为迈向新发展做准备。否则，就不可能实现新飞跃。

企业发展到了一个新高峰期，又推出了新的产品，获得了很好的声誉和形象，爱好这类新产品的顾客都来购买新的产品，企业获得了很好的经济效益，名声大振，不但誉满全国，而且还誉满全球。企业在消费者中取得很好的信任度，企业的发展达到了最佳的状态，企业的总裁，也受到了消费者的敬仰。

企业经过创业、第一个高峰、低谷再进入第二个高峰，完成了发展的第一个阶段，就要向第二个阶段进发了，因为事物发展到了极点的时候，就要发生转化，旧的平衡被打破，一定会有新的平衡来代替。企业总裁要懂得这一事物发展的规律并驾驭这个规律，变盲目为主动。一定要下决心不断开发新的产品，不但要创名牌，还要不断改进名牌，进而创系列名牌产品，把终结阶段变为新阶段的开始。只知进而不知退，只知存而不知亡，只知得而不知失，不是有智慧的人。只有又知进退、又知存亡的总裁，才是有智慧的总裁。

总之，总裁在企业的发展顺利时，不要盲目乐观；在企业的发展遇到困难时，不要丧失信心；在企业的发展达到高峰时，要有忧患意识和前瞻意识；在企业的发展处于低谷时，要有奋进意识和坚韧不拔的精神。

树立自强不息的精神，努力拼搏，奋斗不止，这是企业总裁带领企业走向成功的看家本领。有了这种本领，总裁就会加足马力，奋勇向前；有了这种本领，总裁就会知耻后勇，奋起直追；有了这种本领，总裁就会保持警惕，奋勇超越。这种本领的存在，能使总裁始终表现出一种"压倒一切的气势"，这是一个企业总裁不可或缺而又不可动摇的信仰！

要想成功，就要有点冒险精神

一个人若想成就一番事业，或取得卓越的成就，必须把自己从胆怯和懦弱的思想中解救出来，具备独立自主、敢于冒险的精神。有人说："人生最大的价值就在于冒险，整个生命就是一场冒险，走得最远的人常是愿意去冒险的人。"事实上，冒险不只是一种勇气和魄力，其最重要的意义在于，不论最终的结果是成功还是失败，你从没停止奋斗和拼搏，这种精神是弥足珍贵的。

冒险有可能让你倾家荡产、穷困潦倒，但强者还是愿意去尝试。综观世界富豪们的发家史，冒险是他们不可或缺的特质之一。世界公认的美国"石油大王"洛克菲勒也不例外。

洛克菲勒是个具有冒险精神并善于冒险的人，他经常告诫自己："不要畏惧，既然下了决心，就要勇往直前！"事实证明，冒险精神奠定了他的成功之路。

洛克菲勒在创业之初，乃至较有成就之后，资金问题也常常困扰着他，以致每次借款前，他都会在谨慎与冒险之间徘徊，苦苦挣扎，甚至夜不能眠，躺在床上就开始算计如何偿还欠款。但是，好在每次恐惧失败过后，他总能再次打起精神，去迎接新的挑战。洛克菲勒的一生中曾多次冒着极大的风险，欠下巨债，甚至不惜把企业抵押给银行，但最终他还是成功了，创造了令人震惊的成就。这也符合他的性格特征，他曾这样说过："冒险是为了创造好运。如果抵押一块土地就能借得足够的现金，让我独占一块更大的地方，那么我会毫不迟疑地抓住这个机会。"

洛克菲勒的成功告诉每一个企业领导者：赢得成功的最大秘诀就在于敢于冒险。冒险不是成功的唯一保证，但不冒险绝对与成功无缘。

要想成功，就必须有足够的冒险精神。而激发冒险精神，必须注重以下五点训练：一是严肃对待理想。相信自己的能力，排除一切干扰，专一执着。二是做事要循序渐进。"饭要一口一口地吃，路要一步一步地走。"三是不要对理想做反面的假设。信心十足地面对未来的理想，否则会有一种压力和负担。四是确立自己的规则。不管别人的，关键要自己去创造。五是从错误中吸取教训。失败本身并不可怕，可怕的是不能从失败中吸取教训。

总之，在这个世界上，没有一条通向成功的道路是没有荆棘、铺满鲜花的，要想取得成功，就必须敢于冒险。否则，你就会掉入自我设置的泥潭，让恐惧、悲观束缚住自己本可翱翔蓝天的翅膀，而终无大成。

抢占先机才能占道制胜

如果说发展速度是一个企业的制胜法宝，那么在这个瞬息万变的时代，在这个"位置为王"的市场，必须要抢占先机，才能在整个市场上站稳脚跟。抢占先机才能占道制胜！

　　杭州裂莎电子商务有限公司（以下简称"裂莎"）是一家集电子商务、服装贸易营销等多项服务于一体的新兴电子商务企业，主要从事网络服饰、鞋帽、箱包等产品的销售，提供网络营销系列策划等服务。凭着多年的营销经验，裂莎本着诚信发展的经营宗旨将产品的销量推向了新高。近几年，裂莎服饰深受网络消费者的信赖，尤其是在年轻消费者心中占有非凡的地位，引爆时尚、引领都市潮流是杭州裂莎电子商务有限公司的主打。随着众多网络时代消费者的一致热捧，裂莎在网络时代迅速走红，其销量又在2014年"双十一"占尽了头风，于是，裂莎也成为网络时代引人注目的超级"巨星"。

　　为了适应瞬息万变的市场，用变化拥抱未来，很多聪明的创业者叩开了裂莎的财富之门，开启了自己的财富人生，他们抢占先机，纷纷做起了裂莎电子商务的加盟商，实现自己创业的梦想。而此时的裂莎也正好占据了网购时代的半壁江山，裂莎用时尚、潮流前线作为克敌制胜的法宝，在整个市场上独占鳌头。随着网商加盟的强势崛起，裂莎也在加速让整个电子商务时代重新洗牌。

　　裂莎抢占先机，终成"网购时代"新的传奇！相信随着网商加盟人数的增加，裂莎会在消费者的拥护下走得更远。

　　在红海时代，一个企业和品牌要取得巨大发展必须在该行业中占据数一数二的位置或者拥有自己的一席之地。想成功，就得占据消费者某类需求阶梯中的第一位置；想超越，就得创造消费者某类需求阶梯中的第一位置并占据它！

永远没有无风险的成功

　　在这个世界上，永远没有无风险的成功。失败就是风险，不做就不会失败，就不会有风险，但也永远不会成功。所以，要成功就有风险，要有承担风险的勇气。

为什么大多数人都不敢冒险？因为社会还未完全形成宽容失败的文化氛围。"枪打出头鸟"，冒险成功了会遭人忌妒，失败了会遭人耻笑，这是不容忽视的现实。同时，一件事情有风险，往往就意味着完成这件事困难比较大，不确定因素比较多，而保险系数比较小。就是因为有这些主客观原因，导致失败的可能性比较大。世界上没有人心甘情愿地去冒风险，因为风险常常是失败的导火索，所以，人们一般不愿冒险。

有的人总担心失败，他们总会找出很多合理化理由来使自己不去冒险，最后，他们一事无成。有的人总害怕困难，将一些很有意义的事推给了别人，但当别人成功后，他们又开始后悔，后悔当初不该……其实，做任何一件事，完成任何一种工作都不可能有百分之百的把握，但如果能化险为夷，那么获得的回报将很大。

世界上总要有人第一个吃螃蟹，而且往往能成为一个成功者，要不然就不会有那么多伟人、著名科学家、企业家和诺贝尔奖获得者。风险就如一片险滩，渡过了这片险滩，就会风平浪静，就是胜利的喜悦。为什么要勇敢地面对风险？这是因为，你若失去了财产，你只失去了一点儿；你若失去了荣誉，你就丢掉了许多；你若失去了勇敢，你就丧失了一切。

鼓励冒险，绝不等于提倡蛮干。对于成功者而言，冒风险的前提是有了一定的胜算。做出冒险的决策之前，不要问自己能够赢多少，而应该问自己输得起多少。一点儿把握都没有就盲目冒险，那么胆量越大，赌注下得越多，损失也就越大，离成功也就越远。

总之，想成功，就得有冒险精神。所有的成功，都是敢想、敢做、敢于冒险的结果。

冲动不是冒险，冒险仍然需要理智

俗话说："大智方能大勇。"敢于冒险的人往往也是有大智慧的人。"冒险家"看起来像是赌徒，却又不是一般意义上的赌徒。他们做出风险判断，靠的是过人的胆识和勇气，靠的是那种努力突破现实障碍、寻找发展机遇的才智，靠的是风险判断者的信念、信息以及信心；每一个实施的步骤或环节都经过了细致的推敲，都是建立在科学基础上的；是冒险精神的绝妙手笔，而不是人云亦云的随波逐流，也不是头脑一热的本性冲动。

冒险和理智是两个尖锐且冲突的概念。一方面，要敢于承担风险。任何创新都是有风险的，都具有可能不成功的概率。特别是在技术创新和产品创新的问题上，投入下去最后没人买你的产品，就是失败、就是亏损，这是很多人都经历过的。这就要求一个企业总裁应该具备敢于承担风险的冒险精神，没有这种精神就无法创新发展。

另一方面，成功的冒险需要理智。理智地、科学地分析企业所面临的方方面面，包括市场、客户、技术、群体、职工，分析市场里的竞争对手，分析市场发展的趋势。这是一个企业总裁研究战略、研究管理并取得各种知识的理智态度和做法。

对于创业者而言，在处理冒险与理智的关系时必须做到三点：一是创业需要激情更需要理性。创业需要有资金，更需要有清晰的目标，明确的方向以及心理、知识、技能和资源储备。二是计算风险。盲目冒险的情况很少见，误打误撞的事也时有发生。如果你在做选择的时候多加思考，选对的概率会更大。创业确实有风险，但是仔细计算风险，并且合理地规避风险，选错的概率就小很多。三是不要被别人的质疑干扰。当你选择创业的时候，必定会有人对你的行为表示质疑，有时还会把你自己也绕进去。有些人的质疑只是单纯的忌妒，但更多的是他们做不到，他们也害怕。你可以验证一下他们所言是否属实，再做决定，但绝对不要让质疑爬进自己的脑子里，不要让质疑侵蚀你成功的欲望。创业是一个项目从孕育、出生到发育、成长的过程，在这个过程中，如果创业者处理好冒险与理智的关系，那么全世界在等待你书写新的故事！

总之，冒险是门技术，恰当的冒险——冒险＋理智，就有机会造就更多的机遇。

有胆有识，处处是良机

人的一生中会有几次良机，但常常稍纵即逝，当时抓不住，以后就永远失掉了。为何良机难再？因为有的人有理想而不去实现，有计划而不去执行，终至坐视理想、计划幻灭、消逝。只有那些有胆有识的人，才能抓住良机并最终获得成功。

没有创业前的默默耕耘、艰辛付出，即使有再大的胆识和再好的机遇，也很难真正成功。因此，可以得出这样的一个公式：胆识＋机遇＝成功。现实中，有许多企业家的经历就是这个公式的最好解读。马云的成功之路就是一例。

马云高考好几年都没考上，好不容易考上了杭州师范学院外语系，毕业以后当了五年英语老师。这是一件众所周知的事了。可是，为何最后他能弃教从商，成就一个商界传奇呢？

作为20世纪80年代末本科毕业的一名师范院校生，毕业即当起了老师，也可谓不错的职业选择。可是，骨子里不甘心碌碌无为终其一生的马云，对自己的工作并不感兴趣，最终在授教五年后，离岗从商。马云首选站是北京。中间他做了很多小买卖都没有做成，屡遭失败的马云，一次去爬了长城，并在长城上发誓：自己要办一个世界上最伟大的公司。

时隔多年，他的诺言兑现了，阿里巴巴确实成为世界上最伟大的公司之一。今日阿里巴巴的成就，离不开马云的坚持和其早些年不畏辛劳创业路上的摸索。

马云为什么成功了？因为他勇于改变、善于学习，变得和普通人不一样了，他不再摆地摊了，他不再当老师了，他不再朝九晚五了。他脱离了别人眼中的正常轨道，结果把事慢慢做起来了，现在创办了全球最伟大的公司之一。

马云的成功不可复制，但是他成功道路上的一些经验值得我们学习。没有人不渴望成功，其实，在人的一生当中，大多数人都尝试过创业，只不过有的人趁势雄起，有的人失败颓废，不同的过程，自然有着不同的风景。我们应该时刻提醒自己：不要做守株待兔者，而应该做主动出击者，因为机遇总是青睐有准备的人。

总之，机遇是给有胆识的人准备的。机遇永远属于有眼光、有胆识、有危机感、有准备之人。有胆有识，处处是良机！

案例分析：48天上100个项目，恒大这么猛！

2015年4月，恒大董事局主席许家印在布置全年工作时称："前段时间我们已上项目近20个，接下来48天，我们要上100个项目。"48天后是5月31日。换句话说，恒大当时计划在2015年上半年内斩获120个新项目。许家印指出，在5月31日前新上马100个项目，是硬性指标，也是集团战略。

48天拿下100个项目，意味着平均每天要搞定两个项目。由于市场回暖还是地域性的，房企拿地的热情普遍不高。2015年第一季度，十大房企新增土地储备面积337.7万平方米，同比下降六成。然而，土地毕竟是稀缺资源，特别是优质的土地依然难得。恒大如何能够如此神速地拿地？

恒大集团下设规模为120人左右的集团投资中心，统一负责全国范围内的拿地任务。通常来说决策的流程是：首先，集团投资中心找到土地资源（地方公司找到土地资源后可提交申请）；其次，集团中心撰写调研；再次，递交区域负责人进行初步决策；最后，上集团月度会议讨论，并由许家印拍板决定地块的重要等级。

恒大超强的执行力和铁一样的运作纪律，使得不管项目是几个、几十个还是几百个，都能凭借标准化的执行方案在极短的时间内达到高度统一。不过，48天100个项目还是难度太高了。为了能在期限内完成艰巨的任务，许家印采取了"胡萝卜加大棒"

的方式强势推进。

一是简政放权。集团将权限下放给地区公司董事长，董事长把好关，投资中心快速审批，之后直接上报董事局审批。保证无论一手项目还是二手项目，都不要在付款、价格等一些细节方面犹豫，要迅速拿下优质项目，以免等到形势变化了干瞪眼。

二是放宽"五星标准"。恒大董事局在一定程度上放宽了"五星标准"，以配合快速拿地，认定项目标准的权力下放给地区公司，以免丢失好项目。

三是纳入考核。为推动项目，恒大集团对地区公司董事长进行考核。100个项目，集团不做分配，各地区公司先报先得。许家印表示，恒大考察一位董事长的水平能力，包括上项目、队伍建设、工程管理、按时提前开盘等各方面。为此，近来恒大还提拔了一批非常年轻的董事长，以树立典范和榜样。

以上三点极好地激发了团队的狼性，恒大各地区负责人和团队都处于忙碌的看地拿地的状态。他们采取连轴转的方式，一天看几块地，基本每晚加班到凌晨。

恒大敢于喊出48天拿下100个项目的口号，有其面对市场形势及时调整策略的巨大勇气，支撑执行的是一整套可行的标准化流程以及执行力强、反应快、周期短和内控严密的公司文化。这些都值得业内借鉴。

（来源：根据"手机凤凰网"2015年5月27日《48天上100个项目，恒大这么猛有啥拿地绝招？》改写）

第八章 沉住气方能成大器

——步步稳赢才能持续获利

步步稳赢慢赚钱、赚慢钱，坚持自己的步调慢慢积累财富，是"慢"时代重要的商业智慧。步步稳赢赚慢钱需要做的是：企业要将自己的核心业务"做精做美"；克服浮躁；打造专业精神；夯实主业；做好自检；发现别人忽视的市场利润空间。

盘子做得大不如做得精

小品《不差钱》中有一个经典的桥段：小沈阳说"人生的最大痛苦是，钱还在，人没了"，赵本山说"人生最大的痛苦是人还在，钱没了"。其实研究一下企业家的痛苦，可能会发现更大的秘密：企业家的最大痛苦是钱还在，快乐没了；比这更痛苦的是人和钱都在，就不知道自己是谁了。很多时候企业家会以"做大做强"为旗帜，认为做大做强是企业发展的唯一目标。其实，"做精做美"才是企业得以启动发展的根本原因，是做大做强的根与源。也就是说，企业家想不痛苦很容易，做大做强也不是不可以，关键是把做精做美放第一。

做大做强是目标，但却不是唯一目标。如果一定要有一个目标的话，那就是企业家一定要明白你真正要的是什么、能做什么。比如，如果你是关老爷，那就用青龙偃月刀；如果你是小李，那就用飞刀。假如小李非要耍青龙偃月刀，那就算累死你，也玩不转。当然，让关老爷背着 12 把小飞刀冲锋陷阵也不行，小材要大用也不是那么容易。所以说，做事要做自己擅长的，选择要挑自己适合的。

"术业有专攻"讲的是技能业务各有钻研与擅长，而不是讲"凡业皆可攻"。做企业不能和打鱼的学习"广撒网"，也不能"有枣没枣先打三竿子"。企业家区别于普通员工首先一点就是：企业家思考战略性问题，具有高瞻远瞩的能力。如果连这个基本技能都缺失，那就无法办好一家企业。那些看到了利而放弃当初理想与想法的人，都是没有战略眼光的人。过于追逐"大"而忽略了"精"，过于追逐"全"而忽略了"深"，其后果就是一口气上不来，下口气呼吸困难。

对一部分企业，尤其是大企业来说，以"做大做强"为目标，不能说错，因为它可以鼓舞人心，可以指引方向。但是如果所有的企业尤其是小企业都"做大做强"，就违反了经济生活的基本规律：在产业链中，有主角，也有配角，都做主角，谁来做配角？没有配角，还有大戏吗？你本来就缺少做大做强的基因，狂吃了"做大做强"兴奋剂，不就像吃了"摇头丸"，初期躁动不安，继而发疯不止，最后骤然倒下？比如美国的雷曼、日本的八佰伴、中国的三鹿。盲目贪大求快，看来不是"农夫山泉，有点甜"，而是"醉汉攀岩，有点悬"！

聪明的艺人避免和别人"撞衫"；聪明的老板也不会和别人"撞梦"，同一个世界，不同的梦想；同一个花园，不同的生长。你不能做狮王，还可以做一只野狼；你不能做航母，还可以做潜艇；你不能做牡丹，还可以做杜鹃。中国经济的成熟，需要管理学家的成熟，更需要企业家的成熟。企业要有更多的选择，不"做大做强"，还可以"做精做美"；不做五百强，还可以做五百年……

总之，要想在当今竞争激烈的环境中生存，公司管理层需要加大改革力度，切勿光做大盘子不做精盘子，要有自己的核心业务。

认清自我优势，打造专业精神

希腊中部帕尔那索斯山上的阿波罗神庙门楣上刻着古希腊哲学家苏格拉底的箴言："人啊，认识你自己吧。"数千年来，这句箴言如黄钟大吕，穿越时空，一直在给人类以理性的昭示和警醒。近代哲学也把"认识你自己"纳入认识论的层面，提升到主体性的高度，确立了人的理性或精神实质。在人的生存困境随着工业化的进程越发突出的今天，"认识你自己"的使命和命题在现代社会依然没有终结。

优秀的企业家非常了解自己，还能够准确地感知他人。他们有高度的自我认知和自我反思的能力，这些能力让他们准确地认识到自己的长处和短处，更能接受积极变化的前景。这种天赋有助于企业家采用最理想的方式与员工、客户、供应商和投资者交流，从而获得最积极的业务成果。

事实上，优秀企业家都具有无与伦比的专业精神，经他们打造并包装的产品会独具特色，并能在竞争中占有优势。他们有本事把下面这个句子补充完整："顾客之所以购买我们的产品，是因为我们的产品如何如何。"美国著名华人企业家谢家华就是其中之一。

在美国，一个华人小伙儿开设的网络鞋店声名鹊起，堪称"家喻户晓"，被称为"卖鞋的亚马逊"。这位华人小伙名叫谢家华，他开设的网络鞋店就是 Zappos。谢家华的网络鞋店能够将上面的句子清楚地补充完整：因为客户服务实在是太好了。

谢家华曾经说："人们很早就知道，提供良好服务的企业都会很成功。但却没有人那么去做。"为了方便顾客挑选，Zappos 把仓库搬到了联合包裹服务公司的机场附近，这家名列世界第九大航空公司的快递公司，缓解了顾客焦急的情绪。虽然 Zappos 承诺四天内送达，但是通常情况下，顾客第二天就可以收到他们订购的鞋。谢家华希望，这一策略可以赢得顾客的"哇"，超越顾客期望意味着赢得了品牌忠诚度。

Zappos还推出了适用于所有已售商品的365天退货政策，并承诺无条件承担所有退货运费，因此声名大噪。Zappos提供包邮和免费退货服务时，还将自己的客服热线用小号字体标在页面最底下，免费热线也呈现在网站每一页。客服电话没有任何规定，对通话时间也没有限制，在当今客户服务中心都定额外包的时代，这简直闻所未闻。Zappos通过打造绝对以顾客为中心的企业文化使自己在竞争中脱颖而出。

Zappos还推出了售后延迟付款的方式，顾客购买Zappos的商品后90天之内可以不付款，这与免费退换货对应，使顾客再一次释放了购买时的决策压力。

顾客的满意度和忠诚度最终成就了Zappos，使它成为数百万网上忠实顾客倍加信赖的购物网站。也出于同样的原因，它才得以以10亿美元的身价被亚马逊公司收购。

Zappos确实有别于任何一家网上鞋店，因为老板谢家华以自己的专业精神赢得了顾客。

打造专业精神，就是需要长时间集中精力主动、努力地工作；树立大服务意识；不断地正视困难；高标准、顽强地工作等。不管做什么事情，都要全力以赴。成功的秘诀无他，不过是凡事都要求自己达到极致的表现而已。

打造专业精神，就要杜绝这样的心理：总是对自己的职业没有足够的认识，对职业没有感情；总是敷衍了事，不能对工作尽心尽力；总是不愿为工作技能的提高而付出努力；心不能踏踏实实地安于自己的生活与工作之中，好高骛远，心思飘忽，烦躁不安。

夯实主业，再谈新的拓展

企业家在生产经营过程中，要取得新的发展，必须针对本企业的主客观实际，充分认识自身的特点和优劣势，夯实主业、发展主业，并抓住机遇，拓展多种业务，寻找新的增长点，以使企业在竞争中立于不败之地。

成立于 1993 年的海南高速公路股份有限公司（以下简称"海南高速"）是在海南经济特区改革的大潮中应运而生的。海南高速人"诚信、苦干、求实、创新"的企业精神，使他们能够抓住每次机会，不断深化内部改革，创新经营机制，优化产业结构，夯实主业，发展基础，使企业真正成为市场中的主体角色。

海南高速的决策者们致力于优化产业结构，夯实主业，发展基础。抓住有利时机，把公路和重点园区配套工程、市政工程、港口等基础设施产业作为主攻方向，紧紧围绕主业开展各项经营管理工作，外抓市场，内抓改革，突出主业，搞活辅业，开创了公司经营管理工作的新局面。集中精力开发建设三亚六道湾渔港，积极参与公路代建项目建设，接养西线和海文高速公路等一系列动作，使公司迅速发展壮大。正是通过不断深化内部改革，坚定投资基础设施建设和经营管理主业的发展定位，有效地增强了企业市场竞争力，取得了显著的效果。

在夯实主业的基础上，海南高速将发展战略定位为做好"一主二辅"，即以高等级公路、港口等交通基础设施项目的融资、投资、建设施工和经营管理为主营业务，发展房地产、旅游服务等关联产业。坚持"一业为主、关联开发"的方向，使公司逐步朝着主业突出、关联开发、管理规范、经营稳健、业绩优良的现代企业集团发展。

海南高速先夯实主业，再多元化拓展的做法值得肯定。在经济结构优化升级，行业调整向纵深迈进的行业背景下，一个企业的总裁必须处理好"主业"与"多元"的关系，切勿冒进拓展，应该先夯实主业，在依托主业的基础上再谈新的拓展。

做好自检，在运营中力求完善

自检，是指操作工人自己对自己生产的半成品按照工艺标准或规定要求进行的检验。自检的目的是通过对自己生产的半成品进行检验，及时了解自己操作的产品是否符合质量标准要求，是否偏离了标准，以便及时调整生产线工艺，使之符合规定要求。这是生产过程中一道最早的检验工序，是产品质量合格的重要保障，只有把自检工作做到位，才能最大限度地避免不合格品流入下一道工序。

企业在经营过程中，难免出现财务收支、投资决策、物资管理、产权登记、资产评估、内控制度执行情况等方面的问题。存在问题不可怕，可怕的是没有自检意识，这会导致严重的经营不善。现实中，很多企业不同程度地存在这种情况。请看下面的例子。

某公司连续若干年都没有完成公司计划，但上上下下都不以为意，让外人诧异无比。经了解后才知道：该企业所在的集团制定了三年后销售收入突破100亿元的发展目标，再分解成年度目标，把指标下达给下属企业。由于该公司不是按照实际情况而是按照总公司的要求来制定经营计划，各主要指标都定得非常高，缺乏数据的支持，不太具有可行性。而根据公司计划制定的职能部门计划及月度分解计划和实际差得很远，为了编制计划而凑数字，导致在计划编制时就对计划的完成没有多大信心。

由于计划指标不合理，使计划不具有可实施性，在执行、检查和考核过程中，大家都心中有数，走个过场而已。甚至如果执行职能计划，例如采购物资和设备，反而会造成更大的浪费。因此，到年终时大家都完不成计划，法不责众，人人心安理得，丧失了追求，对企业的发展危害巨大。

企业做好自检，要将成本问题、安全问题、浪费现象等作为自查重点，逐项梳理、全面检查。企业在运营中力求完善，要进一步完善内控机制，健全完善公司管理制度和流程，确保经营活动中的各个事项符合决策程序，同时着力营造和谐有序的经营发展环境，确保企业经营目标的实现。

做精做细，就能发现别人忽略的利润空间

谈到企业经营利润空间，现实中很多管理者都会觉得不如意，有的勉强维持，有的度日如年，更有甚者计划退出、转型。其实，这些人或许并不知道：做精做细，就能发现别人忽略的利润空间。

国内杀毒软件金山毒霸在产品刚出来的时候，其实并不怎么赚钱，况且还要面对市场上卡巴斯基、瑞星的竞争。后来由于市场竞争的缘故，金山毒霸宣布免费供用户使用，才发现从旁边赚钱比在传统杀毒市场赚得更多，免费之后带来的收入比杀毒软件收费整整上涨了四倍。而通过提供免费的服务抢占用户桌面后，其盈利方向有了更多可能性。

金山毒霸推出免费策略后，主要采取会员服务的盈利模式。对免费用户而言，可直接享用金山毒霸杀毒、主动升级等基础服务，会员还可享受照片恢复、高速升级、远程服务等一系列高级服务。

金山毒霸通过免费模式，让用户占便宜，收获了由用户增加带来的"规模经济"。这种免费的产品与体验，一旦有了"粉丝"，钱也就在不远处了。

企业生产经营过程中的所有环节，都有一个差异化现象存在，其中，市场差异开发是整个运行过程的首要环节。就工业产品而言，差异存在于产品内部构成的原料、

工艺、功能、形态、品种等各个方面以及产品外部的价格、营销等诸方面，从而使得市场差异无所不在。这种差异是消费者心理感觉上的差异，而就产品本身而言，可能存在客观上的差异，也可能不存在这种差异。但要找准市场的差异并为我所用，经营者必须具备分析研究市场、开发创造市场的能力，打破思维定式，通过充分的市场调查，挖掘别人忽略的利润空间。

找到利润空间，接下来的任务就是做精做细产品、做优做好服务。

市场终端是让产品和服务实现价值的最后一个环节，是所谓的"临门一脚"。前期寻找市场利润空间的大量工作价值的体现都取决于终端，因此不可忽视终端的重要性。产品从概念、产生直到消费者手中，要注重每一个细节，把产品做精、做细，提高产品的档次。在服务方面，要提供差异化的客户服务，在服务内容、服务渠道和服务形象等方面为客户提供个性化服务与资费选择。

总之，做企业，品质要有，利润要有，唯有两者兼顾，才能持久盈利、永立潮头。

案例分析：沈阳威尔盛电子有限公司稳扎稳打应对企业"成长的烦恼"

沈阳威尔盛电子有限公司（以下简称"威尔盛"）主要为企事业单位、政府以及制造和电信行业提供优质的IT信息化解决方案、成熟的技术咨询与服务、系统集成等。在中国面临经济转型，国内外经济形势日趋严峻的大环境下，威尔盛稳扎稳打应对企业"成长的烦恼"，这看似简单，实则坚持下来却很难。然而大道至简，在经济转型期的自我救赎中，它用了最简单的方法，却是最有效的手段。

稳扎稳打首先要生存下来，中小企业首要的任务更是先活下来，活着，才能有理想，有目标。作为戴尔东北地区的总代理，威尔盛恰当地给自己定位，"不为上，不为下"，从客户的设计需求出发，按照客户的需求提供定制服务。在互联网冲击实体店的形势下，稳扎稳打就是威尔盛立于不败之地的法宝。在威尔盛老板夏雷看来，这种冲击过去有，现在有，将来也不会消失，企业就要在这样一个又一个的冲击下，稳扎稳打、步步为营才能顽强地生存下来。

"业界良心"是威尔盛赖以生存下来并取得不错成绩的一个很重要因素。凭着"赚取合理利润"的理念，威尔盛成为三好街为数不多的"老字号"，正如曾经很火的一部电视剧《大宅门》里面所描述的那样，"修合无人见，存心有天知"，中小企业要在残酷的竞争中生存下来以至成长为"百年老店"，凭借的就是这个"存心有天知"。

稳扎稳打并不是墨守成规，不知变化。在夏雷看来，适应市场形势的变化，制定灵活的销售政策是稳扎稳打的另一种表现形式。威尔盛采取了灵活的销售方法，从单一的销售PC、笔记本电脑到整个工作站、服务器，再到网络产品等丰富的产品线。随着客户需求的提高，威尔盛在稳定终端销售的前提下，为客户量身定做了各种"内容为王"的解决方案。

怎样将自己销售的终端产品契合到客户未来可能的需求中去，想客户之所想，急客户之所急，用终端产品的"附加值"来留住老客户，开拓新客户，威尔盛在这方面应该是做得比较恰当的，能在残酷的市场竞争中生存下来或许就证明了这一点。

（来源：根据"网上三好街"2014年12月15日《威尔盛电子夏雷：稳扎稳打应对企业"成长的烦恼"!》改写）

第三篇

根、专、借、变

第九章　卖产品不如卖理念

——文化，企业生存发展的根

改革开放以后，我国的企业文化蓬勃发展起来，这表明企业文化的作用力与影响力越来越大。企业文化是企业生存发展之根本，它包含了做人与经商、企业文化建设与管理、企业文化落地、企业文化伴随产品与服务的传播、满足客户心理需求、经营人心等方面的内容。

做人即经商，经商即做人

做人与经商不可分割，两者的联系在于，不管是做人还是做生意都得做到"诚信"二字。事实上，诚信的人才能做诚信的生意，而诚信的生意才能有大的成就。经商有成有败，成败取决于人。人决定着企业的命运和成败，人品好则基业长青；企业无德而品牌不立，企业的德就是人的德！

日本著名的推销员原一平说过："做人做生意都一样，要诀是诚实。诚实就像树木的根，如果没有根，那么树木也就没有生命了。"原一平自身的成功也证明了这一点。

原一平年轻时曾在一家机器公司当推销员。有一次他在半个月内就和30位顾客做成了生意。不久，他却发现他现在所卖的这种机器比别家公司所生产的同样性能的机器价钱要贵。他想：如果客户知道了一定以为我在欺骗他们，会对我的信用产生怀疑。为了妥善解决问题，原一平便带着合约书和订单，逐户拜访客户，如实向客户说明情况，并请客户重新考虑选择。这种诚实的做法使每个客户都深受感动。结果，30人中没有一个解除合约，反而成了更加忠实的消费者。

做生意的规律是，只要一个产品有问题，全部产品就都会受到怀疑。说话也是如此，只要你十句话中有一句是谎言，你的全部话语就都会受到质疑。深谙此道的原一平用自己的诚信经营赢得了客户的信赖。

生意场上个人的性格魅力很重要。商道讲信义，做人不要处处耍小聪明，否则成不了大气候。中国有句古话："商道即人道。"做生意首先要做的是人的生意：

第一，做人要胸怀宽广、目光长远。胸怀宽广与目标远大关系密切。有了宽广的胸怀才能招贤纳才，有了远大的目标就不会被一般的琐事干扰。第二，做人要宽容。要善于采纳不同意见，要能够理解上司或者部下的苦衷。任何时候，善良都是很重要的。人有时候不要怕吃亏，吃亏也许能得到大家的支持。名誉暂时受损也不要紧，谁笑到最后，谁才笑得最好。第三，做人要兴趣专一。想干成一件事，就要舍弃许多爱好。不要因为爱好而将自己的精力和时间随意抛洒。很难相信生活上处处潇洒的人能把事业干得很成功。刻苦做事，往往会被人讥笑为"苦行僧"，但成功在自己脚下，欢乐在我们心中，当你站在山顶上的时候，自会得到别人的掌声和敬仰。第四，做人要注意修养。修养有两个方面：一是生活经验、理论知识的积累；二是服装穿着、风度气质的训练。现在的商人，最大的缺点是读书少，因此要见缝插针多学习，使自己的知识和视野始终跟上科技时代的步伐。知识丰富了，讲话才有水平，才能与别人交流。再就是讲究言谈举止、姿态修饰，坐时腿脚乱晃，烟头乱点，一看就是缺少社交素养。彬彬有礼、不亢不卑，才会显出大家风范。

在经商方面，随着市场经济的发展，商人的地位越来越重要，这已是大家的共识。只有认真研究社会、经济、人生，才能有把握做好生意：第一，经商首要的是诚实。要在适当的时候，以适当的方式，对适当的人讲适当的内情。虚伪圆滑，不可养成习惯。如果始终讲一些圆滑的话语，即使讲的是真话也无人相信。你讲的总是诚实恳切的话，偶尔不慎讲一次有水分的话，别人也会认为是真话。在销售过程中，个人表现的作用很大，表现好了，不太好的商品也可以卖出去。第二，经商要敢于暴露自身的弱点，不要显得什么都行，可以包打天下。第三，经商要显示谦卑的态度。与顾客谈判时，谦卑也是起跑线。销售是求人，求人是劣势，劣势就要谦卑。人们有一种传统意识，希望你比他低、求他，他才肯帮助你。如果心理上老想胜过别人，以气势压人，谈判就不会成功。但谦卑不要过分，不要让人感到肉麻、讨厌。第四，经商要善于发现对方的特点。人们都希望别人尊重他的特长，所以应该在事前就尽量收集对方的各种信息，找出他引以为傲的特长来。然后，抬高他这一点，让他高兴、满足，让他感到你理解他。如果遇到知识丰富的对手，你就要调动所有知识与他沟通。

总之，人无信不立，先做人后经商，做人要守信用；经商更要重信誉，信誉是立业之本。一个成功的商人必定是君子，而不是小人。人格力量，决定经商的成败。

注重企业文化建设，管人不如管文化

管理有三种境界，初级阶段"人管人"，中级阶段"制度管人"，高级阶段"文化管人"。制度规范行为，行为形成习惯，习惯培育传统，传统积淀文化，文化润泽制度。因此，企业要注重企业文化建设，而在企业管理中，则体现为管人不如管文化，即"文化管人"。

巴菲特的放权式管理就属于"管文化"。巴菲特下属子公司有53家，他却几乎不召集各家子公司经理人开会。他这样形容自己的管理方式："有问题他们可以来找我，但我很少烦扰他们。我信任的是人而不是流程。"

"三流的企业抓营销，二流的企业抓管理，一流的企业抓文化。"如此看来，巴菲特谙熟"抓文化"之道！

企业文化是企业的灵魂，是企业全体员工共同的价值观，是企业的经营哲学，是推动企业发展的不竭动力。企业最好的管理方法是建立一个体现企业意志的文化环境。健康的企业文化，能够让员工找到归属感，更加热爱和忠于自己的企业。文化管理主要是内在的文化自律与软性的文化引导，强调心理"认同"，强调人的自主意识和主动性，也就是通过启发人的自觉意识达到自控和自律。文化中的价值观、理想信念和道德的力量，可以形成人的内在自觉与自律，这是"文化高境界"。

构建企业文化的核心，其实是尊重和信任。通过建立员工与企业的利益联系，让每个员工都拥有承担企业发展的责任意识。员工的利益伴随着企业一同成长，员工与员工之间、员工与管理者之间形成互相尊重、互相信任、共生共荣的文化氛围，这才是企业具有永恒动力的基础。

文化会自我繁衍，正如丘吉尔所说："你塑造你的房子，然后你的房子塑造你。"什么样的企业文化塑造什么样的公司和职工。要达到管理的最高境界，建立良好的企业文化是必经之路。

总之，想要成为高水平的管理者，就要多管文化。如果说小胜依靠智慧、大胜仰仗诚信，那么立于不败之地、做强做大者，则依靠成功的企业文化建设。

将企业的文化理念植于每一个员工心中

企业文化落地，是指把企业的文化理念与发展战略紧密结合，促使企业理念真正落实到企业的经营与管理之中，并产生一定的经济效益与社会效益。从根本上讲，它是指把企业的文化理念根植于员工的心中，培养员工的行为习惯，实现企业的文化自觉。

某公司对企业"使命"、"核心价值观"、"战略目标"等10项内容进行明确，涉及范围涵盖了企业生产、经营、服务、行为和团队建设等方面，并将其作为公司全体员工的理想信念、价值取向、精神支柱、行为准则和行动指南。上至公司总部，下至基层员工，系统上下均在积极通过各种渠道形式宣传和阐释公司的企业文化。比如，让新员工入职伊始便认识和了解公司的文化；开发网络培训课程系统，并组织系统内全员进行学习。通过这些主题活动、网络知识竞赛、企业内刊、读本教材、宣传栏、电子屏、电子课件、综合展馆展厅等宣传工具和媒介，员工们时刻都处在充满企业价值观的浓厚氛围之中，耳濡目染，企业文化理念也就自然而然地进入了员工心中，落实到了行动中，使公司的面貌焕然一新。

将企业的文化理念植于每一个员工心中是企业文化落地的措施。具体来说，要从以下三个方面着手，如表3-1所示。

表3-1　企业文化落地措施

措　施	操作方法
深化企业文化传播，营造能感染人的企业氛围	企业可以在日常的工作和管理中有意识地一点一滴地引入企业文化理念，以潜移默化的方式深化企业文化传播，逐步营造起浓厚的企业文化氛围，使企业文化能够内化于心、固化于制、外化于行，切实转化为员工的自觉追求和行为习惯，让员工能深刻理解和感受公司的文化，知道和懂得怎样的行为举止才最符合公司的文化
强化企业文化渗透，增强员工自我管理意识	在强调加强企业文化建设管理的基础上，强化企业文化的渗透力，努力建立起一种基于员工个人自我管理的企业文化，使员工对企业文化达到从感性认识到理性认同的升华，并将企业的核心价值观、企业宗旨、企业精神等真切根植在个人心中。当员工充分信任企业，并努力与自我核心价值观融为一体时；当员工为了共同的企业目标而紧密合作并自我规范时；当越来越多的员工主动地、自发地为公司事业努力奋斗、无私奉献时，企业必将进入飞跃式发展
培育榜样旗帜的作用，以先进典型凝聚正能量	在企业的生产经营活动中，总会涌现出一批思想水平较高、业务技能强、业绩优秀、受群众尊重的劳动模范和先进典型。这些人是企业先进文化的体现者，是企业文化建设的重要因子，他们将企业的价值观"人格化"，为广大员工提供了学习模范。因此，企业要善于在组织内部挖掘和培育这样的先进人物，利用员工崇尚先进的心理，以实际生动的事例教育人、影响人，以榜样的力量鼓舞人、激励人，在员工心中引起共鸣，凝聚起更多的企业发展正能量，促进企业进一步的协调发展

总之，企业文化作为一种崭新的管理理论，强调以文"化"人。因此，企业领导者必须顺应人性的规律去改造人性的弱点，将工作重点放在人心上，将企业文化理念融入到企业员工的心中，才能更好地凝聚人心，更好地服务于企业的科学健康发展。

卖产品不如卖理念

在商品过剩、同质化严重的时代，人们已经不再满足于产品的基本功能，而转向对情感、精神层面的寻找和诉求。因此，若不能在战略上及时调整、创造新的消费诱因、提升产品附加值，会很快被消费者所遗弃。

黄太吉从 2012 年 7 月诞生以来，就扛着"互联网式的用户体验"和"营销"这两把大旗，一路凯歌。一个营业面积只有十几平方米的煎饼铺子，成了万众瞩目的营销舞台：外星人大会、美女老板娘、开奔驰送煎饼、有趣的店面形象和文案，所有的营销技法在这里轮番登场，好不热闹。而在线上，黄太吉也将微博营销玩得如鱼得水。总之，凭借各种炫目的营销招数，黄太吉在最初吸引了一批又一批的食客，其煎饼生意达到了年收益 500 万元的流水。但是，渐渐地，黄太吉从一个头顶"互联网思维"光环的主角，变成了一个满是争议的丑角，因为黄太吉的煎饼太难吃了！在大众点评上，黄太吉的五星评价占比 11%，四星评价占比 28%，而三星＋二星＋一星的差评占比竟然高达 61%。

与黄太吉一样，雕爷牛腩也是餐饮界的一大营销神话。依靠封测邀请制、名人营销、有创意的微博互动等各种"花哨的"营销做法，雕爷牛腩成功打出了名气，成为"互联网思维"的又一领军者。不过，雕爷牛腩又不同于黄太吉。从产品定位、菜品研发内测、店面体验来看，雕爷牛腩都比黄太吉高了好几个段位，堪称一流。在大众点评上，雕爷牛腩五星、四星好评占比达64%，从口味到环境再到服务，其都轻松碾轧了黄太吉。

食客们在满足了尝鲜心理后，终究会选择回归理性、尊重自己的舌头，而不再被各种营销噱头、眼球经济所左右。比如有食客对黄太吉做出了这样的评价："再多的互联网思维也要回归产品本质：口味、价格和位置。"黄太吉和雕爷牛腩的例子说明，营销的最高境界，不是销售产品，而是赋予产品独特的精神价值及品牌观念，这就是所谓的"格调"。

"卖产品不如卖理念"，这在互联网时代更为明显，互联网信息流通的速度加快，人们的选择也更加多样和便捷，企业如果仅凭借千篇一律的产品以及日益疲软的价格战，很难再获得用户芳心。

值得注意的是，虽然现在人们对"互联网思维"这个词的理解各不相同，甚至到了"百家争鸣"的地步，但有一点是公认的，那就是：注重用户体验。营销观念固然重要，但更不能忽视产品本身。就像麦当劳贩卖快乐、星巴克贩卖体验一般，倘若它们的汉堡包、咖啡难以下咽，消费者恐怕也不会青睐有加。

满足客户无形的心理需求

现在的服务，已经从满足外在物质需求向内在心灵需求的满足转化。那么，究竟消费者内在的心理需求是什么？我们如何去感知并满足？人性中有爱与连接、重要性、确定性、多样性、成长、贡献这六大心理需求，企业应采取不同的方式来满足人性的六大需求，当企业能够满足的心理需求越多，顾客对企业的依赖会越大。

满足客户的爱与连接的需求，需要走近他，与他以亲人相称，比如说"阿姨、叔叔、兄弟、姐妹"等，当你们就像一家人的时候，爱与连接就产生了。这需要心意相通,常常在一起,主动深入别人内心,当走得越深,连接就越深;需要赞许和鼓励客户;需要在最重要的日子送上你用心准备的礼物和问候;需要与客户联手做一些事情,看看你能先为他创造什么价值,或者帮助他实现梦想等。

满足客户的重要性需求,需要让客户能感受到你对他的感恩,如制作感恩墙,把客户的照片贴到墙上,或者感恩清单、列表,随时随地翻阅,随时随地感恩,还有发送感恩的短信等;需要关心他想要关心的人;需要专注能为客户做什么,完全专注在付出和给予。

满足客户的确定性需求,需要让客户知道并感觉到有明确的服务,让他知道当有需求时可以找到谁;需要在服务过程中做有效地关心和问候,咨询他使用产品的情况,并给予有效的帮助和最基本的标准;需要在客户抱怨时,能够第一时间为他提供解决问题的方案和办法。

满足客户的多样性需求,需要在客户有各种需求的时候提供给客户不一样的感觉,这方面只要用心,就一定会发现有数不尽的方法,数不尽的惊喜,数不尽的创意,满足客户不同程度、不同方式的需求。让客户惊讶于你对他的用心,惊讶于你的态度。当你满足了客户这个需求,相信你已经拥有了良好的客户关系。

满足客户的成长需求,需要企业有好的产品和服务第一时间与客户分享;需要有好的项目,好的资讯,凡是有助于客户事业发展的,都可以帮助他成长。

满足客户的贡献需求,需要带着客户参与企业的产品研发;需要带着客户参加帮助社会的活动,比如义工活动;需要提供一个平台和环境,邀请客户前来展示,让他有机会去贡献他的知识,贡献他的能力,贡献他的爱心;需要帮助客户发挥他的优势,贡献他的才华,比如聘请客户为企业的名誉顾问、神秘顾客等。

对于人性中的六大心理需求,有心理学家认为,当一个人或一件事满足一个人两个需求的时候,那么你会和他成为朋友;如果可以同时满足你的三个需求,你会愿意和他成为伴侣;如果有人可以满足你的四个需求的话,你们就可以成为生死之交,生死不离;如果有个人或有件事能满足你的五个或六个需求的话,你会被深深地吸引,将自己的灵魂寄托于他。

其实，客户需求永远是存在的。客户在发生改变，客户需求也在发生改变，所以在企业怎样满足客户的需求，不断提出新的要求，这是企业必须所追求的，这里面就孕育着创新。

商道的终极智慧——经营人心

古人云："人之力发自于心，心旺则事盛。"人心的力量有多大？我国古代曾有过不少论述，如"人心齐泰山移"、"得人心者得天下"等，讲的都是人心的力量。人世间很多道理是相通的，在市场经济条件下，商道的终极智慧就是经营人心，经营本企业员工之心，经营消费者之心。

索尼公司总裁盛田昭夫谆谆教诲新入会的员工："索尼是个亲密无间的大家庭，每个家庭成员的幸福全靠自己的双手来创造。在这种崭新的生活开始之际，我想对大家提出一个希望：当你的生命结束的时候，你们不会为在索尼度过的时光而感到遗憾。"索尼的确是一个大家庭，不仅因为绝大多数索尼职工都要在这里度过一生。在公司里，领导与职工之间保持着良好的关系，把他当作索尼家庭的成员来对待。在有些情况下，职工与老板处于同样的地位。索尼工厂的任何一位管理人员都没有个人办公室，连厂长也不例外。公司主张管理人员与他的办公室职员坐在一起办公。共同使用办公用品和设备。在车间里，领班对工人表现出真诚的尊重与关心。索尼公司强调家庭式的责任感和协作精神，以此激励每个成员发挥主动性，激发他们参与管理的热情。盛田昭夫主张，衡量一位管理人员的工作成果，主要是看他能把一大批人组织到什么程度，以及能否有效地使每个成员做出最好的成绩，并使他们真正融为一体。索尼公司每个职工每年平均提出八条建议，多数建议使得工作更省力和更可靠，或者使工作效果有所提高。索尼公司在赢得员工之心方面打造企业文化，最终也赢得了消费者的认可。

索尼公司的成功无疑是企业经营者对人心经营得当。事实说明，经营企业，必须先经营人心，才能获得人心。

经营人心，要赢得员工之心。人首先具有自然属性，自然属性使人本能地产生了生存和安全两大需求。其次还具有社会属性，即劳动创造性和目的意识性，社会属性使人基于生存需求和安全需求之上，具有了更高层面的社交需求、尊重需求、自我实现需求。今天，企业中的人，仅有自然属性和社会属性是不够的，还必须塑造适宜于企业发展的"企业属性"，即要将企业员工的心智模式、行为方式、价值追求等引导到适宜于企业发展的方向和轨道上来。

我们通常说，企业与企业的不同在于人不同，而企业人与企业的人的根本区别在于"企业属性"，就是人的观念、追求、精神以及外在表现的需求差别。具有"企业属性"的人，通俗点讲就是与企业"心往一处想，劲儿往一处使"的人，他们用自己的思想和行动塑造企业形象，提升品牌价值。企业人以其独特的"企业属性"，往往会创造出超于常人的业绩。

经营人心，要赢得消费者之心。古语云："攻心为上，攻城为下"；"心战为上，兵战为下。"赢得消费者之心已经成了企业经营的"心经"，而抓住消费者的心在企业营销过程中尤为突出。从品牌、定位到差异化，从定价、促销到整合营销，莫不是在针对消费者的心理采取行动。现在的市场营销将越来越依赖于对消费者心理的把握和迎合，从而影响消费者，最终达成产品的销售。

企业要赢得消费者，就一定要专注，以专注的精神打造品牌，以品牌赢得消费者。加多宝最初并不只有凉茶，还有矿泉水、红茶、绿茶等，最后通过整合资源，专注于凉茶产业，取得了前所未有的成功。通用集团把通用电器的153个领域关停并转，结果其市值从几十亿元变成了上千亿元。这些都是通过专注、专业来赢得消费者的成功实践。当然，赢得消费者还意味着诚信，意味着创新。坚守诚信准则，致力于创新，才能赢得消费者！

人心如水，水能载舟，亦能覆舟，得人心者得天下，大到国家，小到企业，概莫能外。

案例分析：小米不是卖产品而是卖"参与感"

雷军是小米最大的产品经理。他带领的小米的风格，就是在一线紧盯产品。如果确定一个需求点是用户痛点，就死磕下去，不断进行微创新。雷军自己总结小米半年产值过100亿元的秘密，有六个关键因素，也是互联网手机的核心打法：一是电子商务的威力；二是社交媒体的威力；三是把手机当电脑做；四是发动群众运动做手机；五是"粉丝"经济；六是在中国的一个硅谷式创业故事。雷军说这六条都是表象，他说，说得直白一点，小米销售的是参与感。这才是小米成功背后的真正秘密！

按小米创始人之一黎万强的说法，构建参与感就是把做产品、做服务、做品牌、做销售的过程开放，让用户参与进来，建立一个可触碰、可拥有，和用户共同成长的品牌。构建参与感的三大战略是做爆品，做"粉丝"，做自媒体。在具体战术上是策划开放参与节点，设计互动方式，扩散口碑事件。这些观点很新鲜，也启发人思考。为什么小米的"参与感营销"你学不会？秘密就在雷军提出的"专注，极致，口碑，快"七字诀的背后。

首先，"专注"背后的"养粉"耐心。在小米发布第一代手机时，MIUI用户已经有50万人。而为了积累这50万原始潜在用户，小米也用了整整一年多的时间。为了做到这一切，老大带头，亲自泡社群，和用户互动，每天至少15分钟，一般是至少一小时，从高管到员工都不例外，整整一年。全员"粉丝"化，哪里是其他公司学得到的？一般的企业高管生怕员工上班不务正业。而小米要求所有的员工都必须上论坛。所以这样的老大"发烧友"，想做一个社群，已经具备了建设社群最关键的可能性——慢养。社群是慢慢养出来的，靠金钱想短期砸出来，做不到。产品的社群，学习的社群，文化的社群，兴趣的社群，凡是能运营得好的，往往都是在开始运营一年后才能慢慢找对感觉，慢慢做大的。

其次，"极致"背后参与感强的产品。不是所有的产品都能培养出有参与感的"粉丝"。小米手机是智能手机，智能手机本质是一台小电脑，这种产品具有足够的空间让消费者体现自己的个性并分享自己的个性玩法，引起大家的认同，比如手机可以做桌面、屏保、APP、拍照、外饰等。

再次，"快"背后有创意有执行力的团队。怎么叫"发烧"？是你比别人更专业。怎么叫会玩？是你比别人有创意。两个加在一起，你才会做到"快"，你总是快"粉丝"一步，"粉丝"才愿意追随你，你才能带着"粉丝"一起，激发他们的创意，做出更有趣的群体创意，大家变成了众乐乐。没有了这个"快"字，就是企业追随会玩的"粉丝"，而不是"粉丝"追随企业了。

最后，有了"专注"，才能"极致"，有了前两者，才能"快"，三者合一，才能积累"口碑"。"粉丝"的口碑，第一能带来购买力，第二能带来成就感，这就让投入其中的人更加热爱自己的产品和工作。然后业务越来越快！这就是一个正循环。

（来源：根据"互联网分享沙龙"2014年9月11日《为什么小米的"参与感营销"你学不会?》改写）

第十章　精益求精，以质取胜
——用专业的精神打造专业的品牌

专业精神是一种匠人精神，匠人对自己的产品精雕细琢、对自己的服务精益求精，并延伸至高品质产品的打造。用专业的精神打造专业的品牌，需要具有"要做就做第一"的雄心壮志，把产品与服务做到更好，从抓细节开始，减少产品与服务缺陷等。

具有"要做就做第一"的雄心壮志

诺贝尔物理学奖获得者丁肇中说："没有人记得谁第二个发现了相对论，要做就做第一。在自然科学研究上，第二名就是最后一名。"这句话从某种意义上揭示了现实社会的残酷性——人们头脑中只记得第一，没人在乎第二和第二之后的。所以在市场竞争中，企业及品牌是否是第一，或者是否有第一的要素，将是决定企业或品牌是否快速进入和占领市场取得竞争优势的关键。

事实上，"第一"有着不可比拟的优势，即强悍的先发优势。请看下面的例子：

微软是软件业的第一，至今仍然傲视群雄，谁也不能与之匹敌；沃尔玛占据超市老大位置，其营业额及其利润在世界500强中也有其地位；可口可乐是第一种可乐类饮料，至今仍是可乐类饮料中的第一品牌和龙头老大，并成了这一类产品的代名词；

施乐是第一种普通纸复印机的牌子，已经成为所有复印机的代称；惠普公司推出了第一台激光打印机，其产品已是激光打印机市场的第一品牌；联想是中国最早做计算机的企业，今天已经发展成为中国 IT 领域的第一品牌和龙头老大；海尔是中国做电冰箱以及白色家电最成功的企业，其发展速度和扩张规模已经成了中国家电业的第一品牌和中国的世界名牌；"吉普"是第一种越野汽车的品牌名称，今天它成了越野车的代名词，人们再讲"吉普"时，已经不是把吉普当作一个品牌了，而是当作一种车的类别了。

这些"第一"的含金量和竞争优势一定意义上是后来者难以逾越的。因为"第一"一旦进入消费者意识中成为他们的首选，后来者就很难取而代之。

争做第一或创造第一，并不是盲目蛮干，而是建立在充分的知己知彼和严谨的市场调研以及科学的分析判断之上的，有时要循序渐进。对于一些还没有做到第一的企业，不要贪大求全，不能急于求成，一定时间和空间里，当不了"全能冠军"就当"单项冠军"，当不了"世界冠军"，就当"洲际冠军"、"区域冠军"，总之要想方设法创造第一，寻找第一，这是企业应有的雄心壮志。

当然，即使当了第一，也并不能高枕无忧，绝不能故步自封。微软是世界上最强大的企业之一，然而微软还在不停地自我竞争，微软正是通过不把过去的第一当作永远的第一，不断地超越自己，不断给公司带来新的挑战和生命力，才能始终超越竞争对手，创新不断，成就不断。

精益求精，把产品与服务做到更好

企业的服务和产品好比是人的两只手，缺一不可，要做好产品的质量，同时又要做好服务。服务建立在产品的基础上，有了产品才会想到怎么样去服务，但是光有服务而没有保持产品质量那也不行，所以产品和质量是同等重要的。因此，企业做产品要精益求精，做服务要细心再细心。

广州本田成立以来，将产品品质视为企业的生命来对待。在引进本田公司质量体系 HQS 的基础上，结合自身实际，建立了行之有效的广州本田质量体系（GHQS）。同时，在产品生产和质量检验过程中，坚持"三不"原则，即"不接受、不制造、不流出不合格品"，确保广州本田雅阁产品品质始终保持在高水平。在优质服务方面，广州本田从成立起就致力于建设四位一体的特约销售服务网络，在全国各地建立了统一 CI 形象、统一服务标准的特约销售服务店，还就销售、售后、零部件服务等开展用户满意度调查，针对用户的意见和建议改进特约销售服务店的服务。精益求精、不断创新、时刻为用户着想的态度使广州本田树立了良好形象。

广州本田为顾客提供好的产品与服务，这是作为一个优秀企业所追寻的目标，是从根本上对客户负责。

随着买方市场的日益成形，消费者需求导向的时代逐步到来，消费者对商品和服务的品质及品质以外的其他各种要求也越来越高。消费者需求的多元化就是在呼唤产品与服务的精化、细化。精益求精产品与服务说起来容易做起来难，很多企业要么就抓不准消费者的心理要求而产品和服务不到位，要么就是浅尝辄止，不愿进一步挖掘和深化。产品与服务精益求精不能想当然，既要有成熟的经营理念，更要有科学态度和科学精神。

成大事必须从抓细节开始

古人云："不积跬步，无以至千里；不积小流，无以成江海。"说的就是想要成大事、大气候必须从小事做起、从细节开始的道理。所以，在企业管理实践中，认真做好每一件小事情，反映的就是一种打造专业品牌的专业精神，体现了企业家的使命感和道德责任感。把每一件小事、每一个细节都做到完美，才会有机会铸就企业辉煌。

有一次，在一档电视节目里，主持人问娃哈哈集团总裁宗庆后三个问题：娃哈哈矿泉水的瓶口有几圈螺纹？矿泉水瓶身有几道螺纹？瓶盖上有几个齿？宗庆后都很快地答了出来，由此引发了大家在现场对细节问题的讨论。

一个拥有170多亿元身价的企业家，管理几十家公司和两万人的团队，开发生产几十个品种饮料的企业领导者，事务何其繁杂？但是，总裁宗庆后却对一个矿泉水瓶盖上有几个齿清清楚楚。娃哈哈每年的销售业绩自不必说，作为企业总裁，宗庆后对细节的熟悉程度令人叹服！

事实上，随着社会的进步，经济的发展，专业化程度越来越高，社会分工越来越细，真正所谓的大事越来越少。比如，一台拖拉机，有五六千个零部件，需要几十个工厂进行合作生产协作；一辆小轿车，有上万个零件，需要上百家企业生产协作；一架飞机，共有四百多万个零部件，涉及协作生产的企业单位更多。因此，在管理过程中无论做任何事，都要注意细节，都要从小事做起。

古语有云："泰山不拒细壤，故能成其高；江海不择细流，故能就其深。"可见，大礼不辞小让，细节决定成败。现实中，想做大事的人很多，但愿意把小事做细的人很少；我们不缺少雄韬伟略的战略家，缺少的是精益求精的执行者；绝不缺少各类管理规章制度，缺少的是对规章条款不折不扣的执行。企业家要想自己的企业比别人更优秀，首先要在每一件小事上下功夫。

老子就一直告诫人们："天下难事，必作于易；天下大事，必作于细。"管理没有终点，强调的就是一种持之以恒的敬业、务实精神，从具体细节抓起，对情况了如指掌，心中有数。不会做小事的人，也做不出大事来。

缺陷少一点，客户抱怨少一点

美国哈佛大学教授 Hart 和 Sasser 在《哈佛商业评论》发表的一篇文章中认为："失误是服务的关键部分，无论多么努力，最出色的厨师也不能避免偶尔有烤焦的牛排。在服务业，失误是难免的。"这句话说明，企业在产品和服务方面的缺陷在所难免，由此，必定会导致客户抱怨，甚至客户投诉。在这个问题上，企业应该把客户抱怨当作改进的机会，尽最大努力减少缺陷，尽可能减少客户抱怨给企业带来的负面影响。

质量管理是企业最重要的基础管理之一，是企业产品和服务质量的根本保证。企业的质量管理制约企业成败。只有通过质量管理来减少产品与服务缺陷，才能最大限度地解决客户抱怨问题，如表 3 – 2 所示。

表 3 – 2　做好质量管理的方法

方　法	操作方法
重视质量管理	如果企业意识到为客户提供物有所值或物超所值的商品才是企业长久生存之道时，就会站在客户的角度，重视质量管理。"己所不欲，勿施于人。"换位思考，往往能让人们受益匪浅
使用科学有效的质量管理方法，建立质量管理体系	要想做好质量管理，投入是必要的。在体系建设上，可以进行 ISO9000 体系认证，6S 管理提升，不断地进行 PDCA 循环的持续改进。引进一些适合本企业的质量管理方法，比如精益生产或六西格玛管理等，在实践中不断改进提升
进行绩效考核，适当的激励能让上下齐心抓好质量	建立绩效考核体系，在流程的各个关键节点设置 KPI 考核指标，进行挂钩考核，直接影响相关人员收入。当质量真正和每个人的切身利益挂钩时，执行才会有力，但绩效考核体系必须是正向的，而不是鼓励员工弄虚作假，欺骗上级和客户来谋取利益
做好风险识别和管理工作，在降低风险的同时提升质量	将企业的各个重要流程节点和管理的重要职能领域按类别进行风险梳理，将可能影响质量的风险识别出来，并相应地设置控制措施，想好解决办法。这样就能防患于未然，将大部分的风险堵在漏洞之外

续表

方　法	操作方法
加强文化建设	很多企业建立了质量管理体系，有的企业建立了内控体系，保障公司治理结构完整，符合股东利益。这些体系都强调一个共同的东西，那就是环境。企业文化是这个环境中最重要的部分。当一个企业上下讲诚信，那么说谎的人肯定不会太多；当一个企业上下讲责任，那么推卸的事情会少一些；当一个企业上下讲客户导向，客户的感觉肯定会好很多。制度和规范总是会有漏洞或滞后，这些领域就由企业文化来填充

做好质量管理，还有很多方面需要注意，比如让顾客参与监督，采用 IT 信息技术，合理设置品质监控岗位，进行有针对性的"瓶颈"改进等措施。总之，质量管理的提升，还可以有很多的空间。

除了减少产品与服务缺陷，企业还要正确对待客户抱怨，这方面要讲究方法，而更重要的是要端正态度，正确认识客户抱怨对企业改进具有促进作用。

所谓客户抱怨，是指客户对产品或服务的不满和责难。客户的抱怨行为是对产品或服务不满意而引起的。客户对服务或产品的抱怨即意味着经营者提供的产品或服务没达到他的期望、没满足他的需求。另外，也表示客户仍旧对经营者具有期待，希望能改善服务水平。其目的就是为了挽回经济上的损失，恢复自我形象。

企业成功需要客户的抱怨。客户抱怨表面上让企业员工不好受，实际上给企业的经营敲响警钟，让企业发现什么地方存在隐患。解除这些隐患，便能赢得更多的客户。

产品品质是企业生存发展的根本

确保产品品质就是确保企业生存和发展的根本。如果企业在生产中不重视质量问题，不仅会造成返工、换料、重复生产等多种成本浪费，更大的损失是流入到市场消费者手中的产品被发现产品质量问题，会引起投诉、索赔等，更严重的是影响企业的信誉，从而造成客源的流失，订单减少，阻碍企业发展。"问题食品"、"豆腐渣工程"、"假冒伪劣、以次充好产品"的不断出现，挑战道德和法律底线。企业倒下了，倒下的也是当代人的职业责任和道德良知。这是每家企业都会感到痛心疾首的事情。

产品品质是企业生存发展的根源。一个企业要想在市场上站稳脚跟，具有竞争力，就必须在产品质量上狠下功夫，走以质取胜之路。产品质量管理的措施如表3－3所示。

表3－3　产品质量管理要点

要　点	实施要领
要制定产品质量管理规范，提高员工的质量意识	无规矩不成方圆。企业要进行质量控制，就要从源头抓起，即制定合理完善的产品质量管理规范，从组织上、制度上保证企业能够长期稳定生产用户满意的高质量产品。在管理规范制定出台后，要自上而下，层层贯彻落实，通过培训班等方式提高全体员工的质量意识。同时，采取质量责任制，明确各部门、各级人员在质量管理中所承担的职责和权限，达到质量工作事事有人管，有考核，有惩罚，有奖励
做好产品生产过程控制	产品生产包括多个环节，从原材料采购开始，到产品生产直至包装与出厂，每一个环节都要保证按质、按量生产。要从把好原材料进厂关开始，对采购的原料按照质量标准严格检查，绝不可因节省成本等理由购买不合标准甚至劣质的材料，要时刻警醒，不可重蹈双汇公司的覆辙；原料进厂后，要严格按照工艺要求组织生产，及时检测与分析中间产品的质量，避免不合格的中间产品流向下道工序，从而造成产品质量问题；生产完成后，要严格按照质量标准对产成品进行检测，做到不合格的产品不出厂，同时做好产品包装工作，避免运输途中不必要的损失
采用先进严格的产品标准	高标准才能严要求。企业若要以高质量的产品参与竞争，就必须用严格的质量标准来要求自身，以国家标准、行业标准为准绳，制定和执行高于现行标准的企业内部标准。同时，我国对外开放程度日益提高，本土企业走出去了，外国企业走进来了，这就要求企业要尽快淘汰落后的质量标准，采用先进标准，赶上国际先进水平

"问渠哪得清如许，为有源头活水来。"没有质量做基础，企业将成为无水之鱼，无本之木，难以长久。所以，企业要未雨绸缪，居安思危，思则有备，备则无患。只有保证产品品质，让客户满意，企业才有可能走得更远，更稳。

服务有诚心，客户就放心

服务是企业的灵魂，服务的好与坏决定了企业的经济利益。服务的核心目标是让客户满意，为此，企业必须关注员工服务意识和能力的培养以及企业产品质量的提高，这样才能让客户更加满意。在这方面，三星是许多企业学习的榜样。

三星电子（北京）技术服务有限公司（原北京三星电子产品技术服务中心，以下简称三星）成立于1995年，是专门负责三星电子产品在中国市场售前和售后服务业务的独资公司。该公司成立之初就本着"为了顾客，三星服务称心、舒心、放心"的宗旨，以"亲切、快速、准确"的工作作风，为中国的三星电子产品用户提供完善的服务保障。

三星从成立之初至今，工作的重心始终围绕的就是"为顾客提供最优质、完善的服务"。没有投诉的服务就是我们企业最大的效益。为了保证三星服务在全球的领先性和统一性，近几年来，公司始终坚持送出去培养的方针，把中方的管理人员和技术人员分数批，时间从数周到数月、一年不等，送到韩国本部进行培养教育，最大限度地把韩国本部三星的服务特色移植到中国来。公司内部几个部门的设置也是围绕"满足顾客"这个中心展开的。管理部门具体负责各地维修中心的日常管理工作及协调处理服务各个环节上的事宜；品质部门为维修中心和用户提供技术上的保障，处理疑难故障，反馈技术市场上的信息，通报技术变更等各项事宜；零部件部门储备了中国市场上销售的所有三星电子产品所需的零部件，在库存上保证了至少3个月的需求量，并和国内外的多家快递公司保持业务关系，最大限度地实现运输上的高效、快捷，为了使三星的服务从日常工作的点点滴滴做起，公司专门从韩国本部邀请了礼仪讲师，对公司的全体员工进行礼仪培训，从各个方面为用户提供"微笑、亲切、周到"的服务。

总而言之，三星所追求的工作目标就是使三星的用户"称心、舒心、放心"。

客户的满意就代表企业赢得消费者的心。三星的经验表明，企业以自己的诚心、精心、细心、热心、耐心的服务，就能换来客户的放心、称心、动心、舒心、欢心。

以服务客户为主要核心，来提高企业服务员工的综合素质，能够提高企业的经济效益。为此，企业要提高团队的服务意识，合理设立团队目标，要培养团员之间的互爱，互相尊重。还要培养团队协作精神，促进多元文化团队的沟通。更重要的是培养团员的创新能力，这样就能更好地了解客户的需求以满足客户，从而也使企业提高自身的品牌价值和经济效益。

案例分析：华为技术为何这么强？

在固定宽带领域，光纤到户、网络电视等早已进入普通人的生活，可以说，整个社会已和网络融为一体。这背后是一系列漫长、艰苦而复杂的技术创新过程，华为的超越是其中最精彩的故事之一。

2012年，华为固定网络产品及解决方案已应用于全球绝大多数运营商；路由器在运营商市场保持优势；在光传输、光接入等领域进一步确定了领导地位；华为在2012年第四季度首次出现在智能手机全球排名前三的厂商之列。不过，在一些领域，比如在核心路由器领域，华为产品已领先传统的路由器老对手美国思科公司。华为开发出400G的路由器和1T的路由器，这两款路由器比思科同类产品投产早，耗电量和体积也比思科产品优秀。华为内部，也把路由器从追赶到超越的17年视为一个励志故事。

路由器是网络的核心设备，一向被视为技术制高点，扮演着网络通信的枢纽角色，思科过去一直被公认为是路由器领域老大。从产品能力看，在2004年路由器10G时代，华为的路由器性能要落后思科4年，2006年的40G时代，落后2年，到2010年的

100G 时代，华为已追平对手。巧的是，这一年，美国知名商业媒体评选出 2010 年全球最具创新力公司，华为在脸谱网、亚马逊、苹果、谷歌之后，排在第五。到 2012 年，华为开启路由器 400G 时代，已领先思科半年多，而开发出 1T 路由器这款能够满足未来超宽带时代的产品后，华为在 2013 年之后继续领先。

具体到路由器产品上，据专业评测，华为的 NE5000E 与思科同类集群路由器相比，前者的功耗仅是后者的 1/2，体积仅 1/3，承重为 1/2。由于历史原因，网络干线上思科市场份额仍居第一。但华为第一台核心集群路由器在西安干线节点稳定运行 5 年多，以及全球最大容量集群搬迁工程——中国联通 169 无锡节点的成功搬迁，都证明了华为路由器在干线上不仅有能力新建，也有能力搬迁，更成为其超越领先的标记。

专利储备巩固了领导者地位，对标准的主导也是引领行业的标志。在网络领域核心专利实力方面，华为在波分领域遥遥领先，拥有 70% 的光传送网领域核心专利。接入领域储备雄厚，拥有 54% 的数字用户线路领域核心专利。IP 领域专利快速增长，拥有 30% 的 IP 领域核心专利，仅 2012 年就有 3575 项专利授权。同时，作为新兴网络技术标准的主导力量，目前华为在 150 多个各种标准组织中担任主席、副主席、董事、各子工作组组长等核心职务。

华为的技术积累来源于对客户需求的关注和挖掘，华为产品已服务全球超过 30 亿人口，拥有 15 万员工的华为是一个客户喜欢与之做生意的公司。华为轮值 CEO 郭平说："力出一孔，以客户为中心，明确我们发展的动力始终来自于外部客户。"

华为创立之初，尽管产品还不是很完善，但只要一出现故障，工程师就会尽快赶到现场进行处理。华为甚至还为客户提供过被称为"守局"的服务——设备安装开通后，工程师还在现场守护，以防有问题时及时排除，短则几天，最长达几个月，等设备稳定后才撤走。

在客户需求的牵引下，华为一步步进行技术积累。农村地区电压不稳，华为在设计电源时就留了较大的电压冗余值，使设备在电压波动时也能正常工作。客户机房避雷措施不完善，就特别加强了防雷击的性能。农村地区老鼠很多，经常会钻进机柜将电线咬断，华为就在设备外增加了防鼠网。这些客户特定需求，往往为那些大公司所不屑，而华为却十几年来坚持以客户为中心，并将此提升到了企业核心价值观的高度。

华为还致力于运用创新技术降低运作成本，把利润挖出来，分给客户和合作伙伴。华为产品发展有两个驱动轮：一个是客户需求导向，这是根本；另一个是技术驱动，在某些领域领先后，要做超前的基础技术研究布局。随着华为的发展，从过去更多的是倾听客户需求，转变到现在主动和客户探讨未来的发展，但根本仍是帮助客户解决需求。就像华为将多年的技术领悟写入标准，其目标也是为了能给客户带来好处。低成本、高效地解决问题，客户当然喜欢。

"深淘滩、低作堰"，是任正非在华为内部讲的一句话，出自战国时代李冰父子的治水经验，意思是华为既然以高技术为立身之本，必须有投入高科技的能力，否则发展就有问题。"深淘滩"是挖潜，用创新技术和先进的管理降低内部运作成本，把利润挖出来。2000～2003年，IT"泡沫"破灭，西方公司过快收缩，华为仍然持续、大强度投入研发，进行人才储备，逆市成长。至今华为的研发人员保持近50%比重。即使在草创阶段，华为也把微薄利润投入到研发中。"低作堰"，堰低了，水就留得少了，华为留取合理的利润，把剩余利润分给客户和合作伙伴。

华为领导层普遍认为，华为这么多年没有本质变化，都是面对客户需求、面对技术困难不退缩去挑战。华为所有技术领头人都有这种说法，叫做"惶者生存"。对华为来说，就是保持空杯心态，开放进取。

（来源：根据《人民日报》2013年7月22日《华为技术为何这么强？》改写）

第十一章　巧借东风，顺势而为

——善借者才能轻松赢天下

经营公司就是经营内外资源。资源整合能力的大小决定公司的成败与大小，因此企业需要具有合作共赢的精神，认识到整合资源就是整合利润，通过资本运作来借鸡生蛋，学习成功者的经验，借助名人、热点事件自我扬名，懂得借他人的智慧等。

多元化的社会需要合作共赢精神

企业与社会发展是共赢的关系。企业只有发展好了，才能更好地履行社会责任；只有把社会责任履行好了，企业发展才能更加如虎添翼。在多元化的社会里，企业需要合作共赢精神，这种精神不仅体现在与社会的共赢上，更重要的是与各行业、各领域的共赢，即以合作的方式实现共赢。

现如今，一些企业把眼光投向外部，与优秀企业或是机构达成了战略合作，通过外部的力量壮大自身的实力，同时实现企业软实力和硬实力向多元化发展。下面举出几例：

2013 年 11 月 15 日，李锦记健康产品集团与 SGS 集团在无限极中心签署战略合作签约。双方合作范围将涵盖质量管理体系完善、供应链管理提升、产品安全风险监控、海外法规标准建设、新技术应用、检测新方法开发和人才培养发展等领域。李锦记健康产品集团通过与 SGS 集团合作，实现双方资源优势整合，借助 SGS 在全球范围内的服务网络优势以及专业的技术水平，将有助于提升公司的品质保障能力，大幅度提升公司产品的公信力，让消费者更放心。

2014 年 12 月 30 日，龙源电力公告公司与国电订立权益转让协议。据此，公司将向国电收购重庆风电 51% 的股本权益，并将向国电支付总额 5895.4 万元作为代价。重庆风电截至 2014 年 9 月 30 日的资产总额、负债总额及资产净额分别为 4.1 亿元、3.08 亿元及 1.01 亿元。重庆风电主要从事风电新能源项目及相关产业的开发、管理及运营。龙源电力通过收购，国电与该公司风电领域及相关产业方面的竞争及潜在竞争会大大减少。收购完成后，重庆风电将成为公司的附属公司。

2015 年 2 月 9 日早上，魅族创始人黄章在微博上写下这几个字："事情算是办好了。"从去年 10 月开始就传得沸沸扬扬的阿里入股魅族一事终于公开：阿里斥资 5.9 亿美元入股魅族，海通开元基金跟投 6000 万美元。这是魅族第一次引入战略投资者，也是阿里巴巴自上市以来金额最大的一笔投资。在 3 家合作体系中，阿里提供底层服务，通过阿里云的大数据挖掘，制定智能平台的标准，打造一个智能云的底层系统，将 API（应用程序编程接口）开放。魅族是阿里在此方面的第一个合作伙伴，魅族将阿里的智能云平台和魅族自己的 Flyme 系统打通，提供最适合阿里智能云平台的手机产品。

21 世纪是一个合作共赢的时代，也是一个资源共享的时代，更是一个优势互补的时代。在这样一个多元化的社会，一个人能够与多少人合作就能成就多大的事业，一家企业能与多少企业合作就能成就多大的平台。合作共赢是时代的选择，因此企业必须具有合作共赢精神。只有合作共赢才能办大事、办好事、办长久之事。要摒弃零和游戏、你输我赢的旧思维，树立双赢、共赢的新理念，在追求自身利益时兼顾他方利益，在寻求自身发展时促进共同发展。

合作需要相互信任，合作需要开阔的胸怀。舍得舍得，有舍才能得。如果大家都害怕吃亏，都舍不得，只想要、不想给，彼此太计较，最终就没法合作，也就谈不上什么共赢。

合作需要胸怀、需要格局、更需要有付出精神。如果每个人都不愿意把自己的优势发挥出来，总是害怕被别人利用，结果本来有价值的东西也变得没有价值了。

合作是每个企业达成梦想、实现目标、成就自我的必经之路，合作不会让你损失什么，只会让你得到更多。企业要相信自己，更需要信赖别人。你相信的人越多，帮助你的人就越多，帮助你的人越多，你的事业就越大。企业主动找人合作，乐意接受别人的合作，应该学习合作共赢精神！

整合资源就是整合利润

整合资源是指企业对不同来源、不同层次、不同结构、不同内容的资源进行识别与选择、汲取与配置、激活和有机融合，使其具有较强的柔性、条理性、系统性和价值性，并创造出新的资源的一个复杂的动态过程。整合资源是企业战略调整的手段，也是企业经营管理的日常工作。通过整合资源，实现资源的整体优化，从而获得利润最大化。

有一个年轻的退伍军人，没有文凭，他来到北京打工，凭着一身力气，当上了一名送奶工。很快，他靠自己的努力，成立了送奶公司。由于他诚实守信，服务优质，经过几年的打拼，他的公司很快发展了20万个家庭订户。他与一位做广告的朋友谈话时突然想到，公司现有20万个家庭订户，不就是一个极其庞大的网络吗？这张网只用于送奶实在是太浪费了，为什么不以此为载体，在送奶的同时兼做广告传播呢？于是，他又成立了广告传播公司。公司的广告传播人员几乎全部由送奶工兼任，转眼间使业务由一拓展为二。

初战告捷后，他决定以送奶网络为载体，兼营更多的业务。随后他与一些商场合作，进行电子商务配送，还创办了广告杂志，这些新业务都依托于公司这张巨大的网铺开，其利润远远高于送奶的利润。由于形成了良性循环，订奶客户也很快发展到了30万户，员工从最初的三个人发展到目前的2800余人，资产由最初的2000元猛增到现在的1.5亿元。这位已成为亿万富翁的年轻人叫吴作仁，他的公司获得"第三届全国文明社区贡献"大奖，他本人也荣获"北京市十佳外来青年"称号。

吴作仁跳出原有行业业务的限制，充分利用其现有的送奶业务建立的网络，使公司的经营利润产生跨越式的增长。这种在现有的资源基础上发掘新的利润增长点的做法，值得企业经营者学习。

怎样才能够实现充分利用资源，寻找新的利润增长点呢？下面的这些思路和方法并非对所有企业都适用，只是提供思考的方向，但可以看出资源与利润之间的必然联系，如表3-4所示。

表3-4　通过深度资源整合发现新利润增长点的思路和方法

思路和方法	含　义
在原有业务基础上，寻找尚未发现的边际利润	企业经营活动中产生的纯利润，很大一部分来自企业经营活动中的边际利润。因行业与行业的差异，甚至是同行业企业之间的差异，其边际利润的来源是千差万别的，故笔者提醒大家在考虑如何增加利润时，不要忽视了边际利润的产生并慎重利用
充分整合和利用现有的营销网络，使之产生新的利润	许多企业在经营活动中，营销活动是经营活动的重心，也是它们利润的主要来源。如何利用好现有的营销网络，产生新的利润呢？吴作仁先生的例子，就是个很好的个案。在考虑整合和利用现有营销网络时，不要局限于现有产品和现有行业的桎梏，要跳开这些限制，拓宽思路，这样才能摆脱思维定式，找出新的利润点
充分整合产业链中的利润源，使企业资源效益最大化	产业链整合比较典型的案例是"福田模式"。当初的百家法人造福田就是一场产业链资源整合的过程，原本没有整车生产能力的厂家，经过整合具备了生产能力，构建了销售渠道，其成果是显著的。这里要强调的是，企业在经营活动中，要善于分析产业链中的利润源，进而进行整合利用，使之产生更大的利润

续表

思路和方法	含　义
盘活闲置资源，增加新的利润源	让自己所拥有的资源动起来，进而产生利润，是每个经营者所期盼的。但因各种原因和条件的限制，几乎每个企业都存在着或多或少的资源闲置状况：有的是物料资源的闲置，比如一些呆料、废料，一些难处理的库存，闲置的厂房或生产线，偶尔闲置的人力资源等。如果把这些看似闲置的，甚至是无用的资源有机利用起来，可能会产生意想不到的收获
原有客户深度开发，产生新的利润	如何深度开发原有客户，是每个营销人必须思考的课题。这个课题，因客户不同，行业有差异，对策也千差万别，需要我们在做业务的过程中去真正用心。如果能够对原有客户进行深度开发，在资源共享、优势互补的基础上，会产生原有利润几何级裂变的效果

关于深度整合资源，发现新利润增长点的思路和方法很多，不一而足。上述这些都是企业能力的重要方面，也是企业能力再造需要提升的重要方面。

玩转资本，借鸡生蛋

"近水楼台先得月，向阳花木易逢春。"随着中国多层资本市场建设的不断完善，企业投融资有了更广阔的舞台，项目落地获得更多的资金支持，为企业发展注入更大的动力。机警而充满商业智慧的创业企业通过资本市场巧妙"借鸡生蛋"，可以快速积累最初的创业资本。步入成熟发展期的企业借助资本市场"借鸡生蛋"，可以通过发行股票组建股份公司，也可以通过股份转让实现公司的重组。

通过资本市场交易来"借鸡生蛋"，就是企业借别人的钱来发展自己的实力。"借鸡生蛋"看似是"借钱"，资本市场这个金融工具如果使用得当，还能变成"省钱"、"生钱"的工具。事实上，许多企业在资本市场进进出出，有的是为了给企业注入资金活力，有的已经从金融工具的应用中尝到了不少省钱的甜头。

2011 年 6 月 14 日，海螺水泥曾公告 95 亿元公司债券上市。而随后的一天，海螺水泥的另一份公告表示，公司投资 40 亿元用于理财，分别购买了三款不同的理财产品。左手借上市公司的优势低成本融资，右手为高回报买理财产品，海螺水泥因此也被市场认为在玩"借鸡生蛋"的游戏。

2011 年 7 月初，海螺水泥发布最新公告称，公司董事会已通过了拟在中国境内发行票面本金总额不超过 60 亿元人民币的公司债券的议案。海螺水泥方面表示，此次定增是为了与青松建化在水泥主业新项目投资、项目工程建设和管理、收购兼并、水泥市场整合等方面展开合作，以推进新疆地区水泥产业结构调整。而值得关注的是，海螺水泥在不久之前发布的另一份公告称，公司及全资子公司参与了另一家上市公司青松建化的非公开发行股票的认购，以每股 13.53 元的价格合计认购了约 1.378 亿股，总耗资达 18.64 亿元。资金的一前一后一进一出，海螺水泥又在玩一出"借鸡生蛋"的资本游戏。

通过资本市场投融资，就是"借鸡生蛋，蛋鸡循环；鸡多蛋多，借蛋吃饭"——借别人的钱做企业的孵化，蛋多鸡多之后，还要借蛋吃饭，而留着自家的蛋继续孵鸡。"借鸡生蛋、用蛋还鸡"，最后达到"既不还鸡，也不还蛋"，这便是高超的资本运作！

玩转资本，借鸡生蛋，企业没钱也照样任性！

跟随——生存与发展期的精明借道之术

成功的经验虽然难以复制，但学习和模仿不可或缺。要成功，需要跟成功者在一起，认真地向他们学习，这是做事起步阶段最好的选择。处于生存期和发展期的企业，如果能够跟随成功者，同样是一种精明的借道之术。

作为一个初创企业的领导者，向那些成功的企业家学习，需要学习成功企业家所共同具有的良好习惯和素质，如表 3 - 5 所示。

表 3 - 5　成功企业家所具有的良好习惯和素质

事　项	内　容
懂得做人	会做人，别人就喜欢你，愿意和你合作，才容易成事。好的企业领导者都习惯于真诚地欣赏他人的优点，对人诚实、正直、公正、和善和宽容，对其他人的生活、工作表示深切的关心与兴趣
善于决策	面对不断变化的市场，企业经营方案总是不止一个，决策就是要对各种方案进行分析、比较，然后选择一个最佳方案。企业领导者的价值在于"做正确的事情"，同时帮助各阶层的主管"把事情做正确"
明确目标	什么是领导？什么是领导力？世界级企业管理大师班尼士对此下了个定义："创造一个令下属追求的前景和目标，将它转化为大家的行为，并完成或达到所追求的前景和目标。"企业领导者们知道，要使员工能奉献于企业共同的远景，就必须使目标深植于每一个员工的心中，必须和每个员工信守的价值观相一致；否则，不可能激发这种热情
顽强精神	所谓顽强，并不是愚蠢的顽固，它是一种下决心要取得结果的精神。在管理实践中，作为领导者，手下的人都希望领导是一个不屈不挠的人。只有你的竞争对手希望你放弃这种精神
重视人才	最好的资产是人，企业领导者的美德在于挑选好的合作伙伴。企业找人要看三种东西：必须精力充沛，正直，有智慧和胆识
激励团队	组织起一个优秀的团队，是一件非常艰难和重要的事情。激发起他们的热情，挖掘出每一位团队成员的聪明与潜力，并将他们协调起来，是成功的领导者必须具备的能力之一。一个企业领导人必须是一个能激发起员工动力的人
终身学习	衡量企业成功的尺度是创新能力，而创新来源于不断的学习，不学习不读书就没有新思想，也就不会有新策略和正确的决策。孔子说："朝闻道，夕死可矣。"正是终身学习的最佳写照
持续创新	当下人们正面临着一个非常严峻的现实：如果你停步不前，就会失去自己的立足之地。这一点对于任何领导或公司都是同样的道理。如果你满足于现状，就丧失了创新能力，而创新是人类发展的主要源泉。具有创新头脑的人是不怕变革的

事 项	内 容
架构关系	关系已成为人际交往中个人成长、企业成事的重要条件与资源。为了企业的发展，任何一个领导者都缺少不了"关系管理"
抓住机会	每个人都被机会包围着，但是机会只是在它们被发现时才存在，而且机会只有在被寻找时才会被发现，关键在于你如何认识机会、利用机会、抓住机会和创造这些机会
有效沟通	有效沟通是管理艺术的精髓。比较完美的企业领导者习惯用70%左右的时间与他人沟通，剩下30%左右的时间用于分析问题和处理相关事务。他们通过广泛的沟通使员工成为公司事务的全面参与者
勇于自制	具有高度的自制力是一种最难得的美德。热忱是促使你采取行动的重要原动力，而自制力则是指引你行动方向的平衡轮。在管理实践活动中，一个有能力管好别人的人不一定是一个好的领导者，只有那些有能力管好自己的人才能成功
注重家庭	比较完美的企业领导者常把家庭比作登山的后援营地。他们在筹备后援营地（家庭）上所花的时间，绝不少于实际登山（干事业）的时间，因为他们的生存、登山的高度，常常与后援营地是否牢固和存粮是否充足有关。成功的企业领导者懂得，全面的成功才算真正的成功，他们往往在干事业的同时，能够兼顾家庭，珍惜幸福的婚姻
经营健康	许多立志要成功但最后壮志难酬的企业领导人，往往是因为不能战胜一个最大的敌人，这个敌人就是自己不健康的身体。美国管理界流行一个观点：不会管理自己身体的人亦无资格管理他人，不会经营自己健康的人就不会经营自己的事业

上述几点并非事业成功的全部经验，而仅是一个开端。但是，只要跟随成功者，像成功者那样采取同样的行动，就会取得好的结果。事实上，成功者不是比你聪明，只是在最短的时间采取最大的行动——做别人不愿意做的事情，做别人不敢做的事情，做别人做不到的事情。

读万卷书，不如行万里路，行万里路，不如阅人无数，阅人无数，不如名师指路，名师指路，不如跟随成功者的脚步！

借助名人、热点事件，自我扬名

借助名人、热点事件实现自我扬名，就是事件营销，或称"活动营销"。它是指企业在真实且不损害公众利益的前提下，通过策划、组织和利用具有名人效应、新闻价值以及社会影响的人物或事件，吸引媒体、社会团体和消费者的兴趣与关注，以求提高企业或产品知名度、美誉度，树立良好的品牌形象，并最终促成产品或服务销售目的的手段和方式。

借助名人实现自我扬名，主要是充分利用名人效应。名人是人们生活中接触比较多，而比较熟悉的群体，名人效应也就是因为名人本身的影响力，而在其出现的时候达到事态扩大、影响力加强的效果，这就是名人效应。名人效应的应用是很普遍的，比如在企业广告方面，几乎大部分企业广告都在利用名人效应，因为受众将会对名人的喜爱、信任甚至模仿，转嫁到对产品的喜欢、信任和模仿，这是典型的利用名人效应的方法。

借助热点事件实现自我扬名，是一种事半功倍的做法。因为热点事件本身就有很高的关注度，比如会引起众多媒体的关注，会成为大众最近关注、谈论的焦点，在网上搜索相关词的人也会更多。此时借助热点事件与产品联系起来，无形中就会提升产品的曝光度。

借助热点事件，需要了解这个热点事件的来龙去脉，做到这点比较容易，只要你肯花时间去了解。了解这个来龙去脉以后，就需要提炼这个过程中的某点或者几点与你的产品卖点相联系。把结合点找出来以后，写出相应文章，再配上图片，设置好关键词，接下来就是发布到各种渠道，就等着大众阅读你的文章了。

借助名人、热点事件实现自我扬名，其实是一种借势与造势。综观各大企业利用事件进行营销的做法，尽管营销内容、载体各不相同，但有一点却是高度相同的，就是充分利用名人和热点事件进行借势和造势。借势，是指企业及时抓住广受关注的社会新闻、事件，结合企业或产品在传播或销售上的目的而展开的一系列相关活动。借势最常用的方式为赞助、冠名体育赛事、举办公益活动或与电视节目合作等。造势则是指企业整合自身的资源，通过策划、组织和制造具有新闻价值的事件，吸引媒体、社会团体和消费者的兴趣与关注。其常见的表现形式为，企业为推广自己的产品而组织策划一系列宣传活动，吸引消费者和媒体的眼球，以达到传播品牌和促进产品销售的目的。

懂得借人力，更懂得借他人的智慧

荀子有一句名言："君子生非异也，善假于物也。"意思是说，君子的资质与一般人没有什么区别，君子之所以高于一般人，是因为他善于利用外物。古往今来，善于借助外力，是成功者的一个重要途径。现代企业经营中借助人力尤其是借他人的智慧，已经成为企业弥补自身不足，实现长足发展的有效措施。

在这个世界上，有一种东西可以在你需要的任何时候、愿意的任何时候借来，而且不需要归还，这种东西就是智慧。在这个纷繁复杂需要多方面智慧的现代社会，企业只有借用他人的智慧来弥补自己的不足，才有助于自己立足并获得长足发展。事实上，企业的识人、选人、用人、育人、留人等，最终的目标是人尽其才，才尽其用。

在企业管理中，对人的管理才是根本，对人的管理关键就在于发现人才、使用人才、协调人才。在如何为人才创造有利环境、充分调动员工的积极性方面，不是只强调就能实现的，有许多实际的工作要做。那么，在企业管理实践中，如何借他人的智慧呢？

首先，必须从制度上确立人才激励机制，使人才的管理工作有章可循。优秀企业的人才管理制度是科学、完善、实用的管理方式的体现。具体而言，可以树立典型宣传对员工进行正面教育。先进人物是指企业文化的核心人物或企业文化的人格化，其作用在于作为一种活的样板，为企业中其他员工提供可供仿效的榜样，对企业文化的形成和强化起着极为重要的作用。

其次，要善于发现人才。善于发现人才、培养人才和合理使用人才是人才管理的根本。要有计划地保护人才和充分发挥人才的能力，给他们发展的空间。要遵循人才管理的规律，建立人才管理信息系统，使人才的培养、使用、储存、流动等有一整套体制，做到人尽其才、才尽其用，让企业充满活力，在市场竞争中始终保持最佳态势。

最后，作为一个企业领导者，不管有多大的本领，一个人的能力都是有限的。把有限的精力转化为最大的价值，就要通过各种方法来完成，其中最重要的是向别人借用智慧。善于向别人借用智慧的企业领导者才是真正的智者，他们把别人的智慧化为自己的智慧，在借用别人智慧的过程中启发自己，锻炼自己，这是一种效率很高的学习，也是一种智慧的学习。同时，一个善于借用别人智慧的企业领导者也往往是一个和颜悦色的人，他们懂得尊重别人的智慧，这样的人最终会成为一个团体的核心力量和领导者，他们能够凝结大家的智慧，指引大家一起创造和前进。

"三个臭皮匠，赛过诸葛亮。"借用众人的智慧，必定凝聚出巨大的力量，从而将自己推向更大的成功！

案例分析：宝能系凭什么拿下万科？

何为"宝能系"？公开资料显示，深圳市宝能投资集团有限公司是宝能系的核心，该公司董事长是潮汕人姚振华。2015 年 8 月以来，这位神秘的潮汕大佬和央企华润集团的"资本决战"，令天下侧目。2015 年 12 月，在抢筹万科股份的过程中，宝能系闯进了公众的视野。宝能系不只想做一个赚得盆满钵满的财务投机者，或许其后还隐藏着更大的局。

宝能系是一个集地产、保险、物流、小额贷款、教育、医疗、农业等众多产业于一体的庞大而神秘的商业帝国，其核心的两大王牌支柱：一个是金融平台"前海人寿"；另一个就是地产平台"宝能地产"。众所周知，房地产开发是一个重资本、轻资产的行业，需要不断通过充沛的资金来实现"拿地—抵押—开发—销售—回笼"的周期循环，但保险业作为一个受到高度监管的行业，不能直接投资"项目制"的房地产开发业，除非是投资具有长期、安全、稳定收益回报的商业地产，就像此前安邦保险在纽约、伦敦如买菜般收购当地地标建筑。

可见，虽然宝能系手握资金和地产，但两者之间不能直接产生关联，需要一个中介打通政策监管上的隔阂，那么一个房地产业上市公司恰恰就是一个最好的选择，保险资金可以投资上市公司的证券为其提供资金，上市公司可以利用资金投资房地产项目，房地产项目可以回馈超额利润给上市公司，上市公司可以将房地产利润放大返回保险公司，虽然资金链在三者间流来流去，但始终在幕后大佬的手掌心中。

宝能系拿下规模、品牌、管理都颇具优势的万科，就相当于打通了宝能系的"任督"二脉，可以让资金不断循环宝能系的大小"周天"。同时，如果宝能系通过抢筹万科股份能够最终控制万科董事会，那么宝能系利用万科在各大城市的布局，以及万科作为地产界"龙头"的身份、良好的形象，与宝能系进行资产整合，讲一个"天大的故事"也未可知。

这一战役谁将是赢家？宝能系毫无疑问是大赢家。二级市场浮盈100多亿元，形势一片大好不说，宝能系的品牌知名度、市场信誉都得到了极大的提升。要说输家，万科也不一定是输家，因为一个在资本市场能够呼风唤雨的宝能系，对万科这个企业来说不是坏事，甚至可能就此打通很多产业领域，扩大万科的产业链。而且，既然有宝能系愿意付出如此代价来拿万科的股份，这就充分证明了万科的价值。

宝能系与万科的博弈还会继续，"野蛮人"能否如愿制服"老贵族"，大家拭目以待。

（来源：根据 2015 年 12 月 14 日《宝能系拿下万科背后的隐藏棋局》改写）

第十二章 审时度势，以变应变

——变则通，游刃商场要懂得变化

市场非常现实，你以为看到了变化，其实是变化的结果，因此企业要懂得变化，做到以变应变。比如，密切关注市场的变化，以敏锐的目光发现商机，做今天的生意更要赚明天的钱，做客户需要的产品和提供客户想要的服务，善用新的科学工具，把握时代脉搏等。

密切关注市场的变化

政治、经济、文化因素往往会影响市场变化，由此而引发市场上对某种产品的需求。市场对某产品的需求，有时一夜之间会急剧增加，有时会一下子烟消云散。在受各种因素影响的市场面前，优秀的企业领导者首先是战略家，这要求领导者一方面要对形势的发展和趋向有超前的眼光和判断力；另一方面要对自己是否具备造势与借势的条件和实力有清醒的认识和完善的考虑，如表3-6所示。

表3－6　企业领导者关注市场变化的方法

方　法	实施要领
提高调查研究能力	企业调研的内容包括战略调研、战术调研，综合调研、专项调研，外部调研、内部调研，经验调研、问题调研，市场调研、服务调研，经营调研、管理调研，产品调研、技术调研，环境调研、设备调研，预测调研、对策调研等。企业调研的过程包括调查和研究两个环节。调查阶段的主要任务是：有针对性地确定调研题目，采取科学合理、切实可行的调研方法，比如普遍调查、重点调查、抽样调查、专家调查、典型调查、问卷调查、分层调查、网络调查、文献调查等，全面了解调研对象的有关情况，为深入研究提供充足的素材。研究阶段的主要任务是：通过综合分析、对比分析、逻辑分析、历史分析、辩证分析、因果分析、因素分析、趋势分析、解剖分析、例证分析、定量定性分析等科学的分析方法，得出正确的结论，提出明确的思路和观点，为促进科学决策、改进企业管理、完善经营机制、转变发展方式提供可靠依据
提高科学决策能力	首先，要增强科学决策意识。改变凭习惯、经验办事，靠拍脑袋决断的不良习惯，自觉按照科学发展观的要求指导决策行为。其次，要明确科学决策主题。根据担负职责和工作任务的要求，明确决策的内容和范围，确定决策的主旨和题目。再次，要掌握科学决策方法。从实际需要出发，提高运用对比分析、趋势推断、因素综合、系统优选、实验例证、群策群力、专家座谈、辩证分析、逻辑论证等科学方法进行科学决策的能力。复次，要规范科学决策程序。严格按照明确决策目标、搜集决策信息、制定决策预案、确定最优方案、跟踪完善决策的大体步骤进行决策，确保达到理想的决策效果。最后，要坚持科学决策原则。主要是正确把握系统决策、客观决策、动态决策、辩证决策、及时决策、民主决策、程序决策、择优决策等科学决策原则，确保实现决策方法的科学化、决策程序的民主化、决策效果的最优化

知政策、知市场、知同行、知自己，才能把握经营管理的主动权。一个成功的企业领导者应该像训练猎犬一样训练自己的商业感觉，密切关注市场变化，并顺势而为。

目光敏锐才能发现新商机

机会对于每个人来说都是公平的，只是有的人没有留意，让机会悄然与自己擦肩而过。有时一次机会就能彻底改变一个人的一生。成功商人的经验是：不仅要善于发现机遇，同时还要在机遇面前知道该如何去抓住它，把稍纵即逝的机遇变成财气。

同样面对一个市场，有的人选择猎人的方式，哪里有市场就做现成的生意，有的人选择像园丁一样开发的市场角度，结果可想而知，以 OTC 十月妈咪孕妇装为例，这家发展仅十多年的专业孕妇装企业，也是中国第一家孕妇装专业品牌，已经拥有 500 多家专卖店，年销售额 3 亿多元的龙头孕婴童企业，而当初创始人赵浦，在 1997 年一个偶然的机会，朋友让他接个孕妇装订单发货到日本，从此便在这个看似非常窄的市场扎下了根，创办了一家专营孕妇装的"杭州未来妈咪服饰有限公司"。当初作为孕妇装生意的外贸机构很多，但是却没有一家想到去做国内市场，想到去做自己的品牌，这就是发现商机、把握商机和等待商机的差距。目前十月妈咪已经形成了完善的产品线和销售网络，并进行了更深入的延展，开发了针对肥胖女性的专用时装，又成为这一细分市场的领导品牌。

目前，十月妈咪因为要发展电子商务，已经引入红杉等两家机构共计 6000 万元投资，赵浦开始敞开做梦了。他说："十月妈咪只是个平台，最终将融合线上线下多种方式，打通孕婴童产业。""如今一个家庭在孕婴方面的消费正在超过在家电上的消费，家电行业都能产生国美、苏宁这样的大家伙，孕婴产业有个 500 亿乃至千亿级公司也正常。"

赵浦具有胜人一筹的生意眼，他给了我们不少启示：会做生意的人常常是那些独具慧眼，能发现商机的人。

缺乏敏锐的目光，即使是商机与你擦肩而过，你也发现不了更捕捉不到。对于企业总裁来说，发现商机的能力也是必备的素质之一。发现商机不是一件容易的事情，需要在日常生活中有意识地加强实践，培养和提高这种能力。

首先，要培养市场调研的习惯。发现商机的关键是深入市场进行调研，要了解市场供求状况、变化趋势，考察顾客需求是否得到满足，注意观察竞争对手的长处与不足等。其次，要多看、多听、多想。见多识广，识多路广。每个人的知识、经验、思维以及对市场的了解不可能面面俱到，多看、多听、多想能广泛获取信息，及时从别人的知识、经验、想法中汲取有益的东西，从而提高发现机会的可能性和概率。再次，要有独特的思维。机会往往是被少数人抓住的。克服从众心理和传统的习惯思维模式，敢于相信自己，有独立见解，不人云亦云，不为别人的品头论足、闲言碎语所左右，才能发现和抓住被别人忽视或遗忘的机会。总之，只有日积月累地加强训练才能铸成发现商机的火眼金睛。

做今天的生意更要赚明天的钱

美国商界有句箴言："愚者赚今天，智者赚明天。"这话道出了企业经营制胜的客观规律。市场经济波谲云诡，瞬息万变，任何产品都难以逃脱自己有限的生命周期，这就使得企业经营时时充满艰难、曲折与风险。如果眼睛只是盯着今天，跟着走俏商品跑，往往是万人争走独木桥，造成同类商品的饱和、过剩，继而陷入经营困境。放眼于明天，把握市场运行规律，瞄准市场的真空地带，不失时机地开发或改进产品和服务，满足与创造消费者新的需求，就会独占市场鳌头，形成"风景这边独好"的佳境。

要做到这一点，经营者就需有远见卓识，具备统观全局、着眼未来的战略眼光。对此，中国企业界亦有很精辟的概括：一切成功的企业家，每天必定有80%的时间考虑企业的明天，20%的时间处理日常事务。那么，怎样思考明天，如何才能赚到明天的钱呢？从经营谋略和运筹方法探究，主要有如下几点，如表3-7所示。

表3-7　赚明天钱的经营谋略和运筹方法

谋略和方法	含　义	案　例
以人为本，"以迂为直"	在经营中看准投资对象，对消费者或企业合作伙伴，进行感情投资、信誉或公关形象投资，树立良好的企业形象。市场无情人有情，真正左右市场变化的是人，谁拥有明天的客户、消费者及经营合作伙伴，谁就拥有明天的市场	日本游戏机大王任天堂以很低的价格出售家用游戏机，在于赢得更多的消费者，以图长远。游戏机不比电视机，电视机买进后就基本完成了全部消费，游戏机需要游戏带相配套，随着游戏机的畅销，在以后的日子，游戏带销量便会随之增加。游戏机赔，游戏带赚，"堤内损失堤外补"，对立中有统一，最终还是有钱可赚

续表

谋略和方法	含　义	案　例
洞察市场变化趋势	市场变化趋势是有预兆的,其变化的原因,既有内在的,如供求关系、新技术新工艺、资源等,又有外在的,如政治的、军事的、自然界的。只要敏于观察,巧于捕捉,并善于做科学预测,自可驾驭市场规律,取得经营的主动权。拿破仑有句名言:"我们之所以能够取得胜利,是因为我们比敌人早到5分钟。"抓住影响市场变化的各种信息因素,做到比他人"早到5分钟",常常能够在市场上独步天下	当美国"南北战争"还正打得炮火连天的时候,美国商人亚默尔从报纸上看到南方将士及其家属吃马肉的消息,他马上感悟到这场战争的结束已指日可待了。一旦战争结束,猪肉价格马上就会跌下来。于是他与东部市场签订了一个猪肉销售合同,以较低的价格卖出,约定迟几天交货。不几天战争真的结束,猪肉价格暴跌,他轻易地赚了100万美元
把握经济循环规律	某种商品在市场上走俏,价格涨到一定的极限,必然下跌;当然跌到一定极限,又会渐渐上扬。根据这一规律,在商品过剩、价格暴跌、厂商受挫的情况下,大量购进或生产某一商品,等待时机,抢占市场间隙,便可赚取高额利润	20世纪70年代初,驰名中外的景泰蓝工艺销售不畅,虽然价格一落再落,厂家与公司仍然库存积压严重。为此,生产厂家不得不限产或转产。香港有个经营景泰蓝生意的商人叫陈玉书,亦深明"贱下极则反贵"的谋略,以对折价,一次买下北京工艺品公司库存的价值1000万元的景泰蓝工艺品。此后,内地生产、出口缩减,他奇货可居,赚了大钱,由此发展成为亿万富翁
顺应潮流	商品经营与社会时尚、消费趋势密切相关,谁能把握住时尚、趋势,顺应其潮流,做到超前经营,及时推出相应商品便可旗开得胜。社会时尚、消费趋势,有时企业可以制造、诱导,有时并非厂家所能左右。为此,企业要赚明天的钱,就需敏锐地感受与发现时尚、趋势,做到在未形成潮流之前,"小荷才露尖尖角,早有蜻蜓立上头",真正成为市场竞争的佼佼者	一向富有超前意识的广东强力集团有限公司,就敏于捕捉社会时尚、消费趋势,抢占市场潮头。在碳酸饮料一统天下的时候,他们见微知著,便预感到人们在餐饮方面回归自然的趋势,以迅雷不及掩耳之势,开发生产出"天然芒果汁",一炮打响,在中外饮料市场风起云涌的时候,他们又很快感受到当今文化对人们衣食住行方面的渗透,及时研制具有文化品位的保健饮料。自然,在市场竞争中又是捷足先登,独领风骚

上述几点多属经营谋略,如何运用才能卓有成效,其中还有几个重要条件不容忽视。首先,要搞好市场调查和预测,没有对市场动态的洞察,再好的谋略也难奏效。其次,要善于辩证思考,从事物的多侧面的对立统一中寻找"战机"。再次,还要有点儿敢冒风险的精神。因为市场变化是由多种条件引起的,调查预测总有一定局限,要

赚明天的钱，进行超前经营，就需敢冒风险，不畏艰难曲折。最后，才能创造常人不能取得的奇迹。

做客户需要的产品，提供客户想要的服务

企业的经营宗旨是让客户满意。客户不仅要获得优质产品，而且在服务方面也需要得到更好的优待。一旦客户得到这样的产品和服务，他们还有什么不满意、不放心的呢？因此，企业要注重做客户需要的产品，提供客户想要的服务。

管理学大师彼得·德鲁克说过，企业存在的目的就是创造顾客。如何创造顾客？只能依靠产品和服务。产品和服务是连接企业与客户的天然纽带和桥梁。企业依靠持续不断的生产满足客户需求、符合客户价值主张的优质产品和服务来创造客户、留住客户并建立客户忠诚度。那么客户真的需要企业提供的产品和服务吗？答案是否定的。

客户真正需要的是产品的功能，而非产品本身；同样的道理，客户并不需要企业的服务，而是需要依靠企业的服务和解决方案来解决客户自己的问题，为客户自己带来价值及价值增值。所以从本质上来说，企业要贯彻以客户为中心的理念，就必须具备客户思维。从产品概念设计、研发、生产、包装到销售，各个环节都要贯彻客户思维，以最大限度地满足客户价值主张、最大化创造客户价值的理念来思考、践行如何通过产品和服务满足客户的需求、解决客户的问题，为客户源源不断地创造价值。而尤其值得强调的是，企业为客户提供的服务，不能简单地理解为只是对产品缺陷的弥补或单纯的销售方案，而是要建立为客户创造价值增值、使客户价值最大化的服务理念。

企业总裁需要考虑的是：我们的产品研发是否以客户需求（包括现实需求和潜在需求）为导向？我们的生产组织方式及管理流程是否始终围绕客户价值创造来持续优化完善，及时剔除所有不创造客户价值的流程及环节？我们提供的产品和服务是否能

够满足客户的价值主张（给客户带来价值及价值增值）？从这个角度来说，一切背离客户价值创造的企业生产经营活动及其他附加活动所产生的成本，最终都无法说服客户来埋单，即使说服了也不可能长期持续。

企业总裁必须明白：企业最终收获的利润并不是企业自行制定的价格减去企业内部成本那么简单，而是客户认可的价值（客户愿意为此支付的价格）减去企业生产成本。由此可见，要想持续获得较好利润就需要我们通过产品和服务来深刻满足客户价值主张和诉求，不断创造客户价值及提升客户价值增值，同时压缩和剔除企业内部一切不创造客户价值的成本和开支。正如华为总裁任正非极为贴切形象的说法，要"深淘滩、低作堰"，即一方面积极挖掘内部潜力，降本增效、增强核心竞争力；另一方面又多一些输出，多为客户创造长期价值。

当然，要想持续创造客户、留住客户，企业中的每一位员工都必须成为客户价值的贡献者，并时刻反思日常工作能否给客户带来价值。

总之，企业只有真正把以客户为中心的理念落到实处，凝聚起全公司贡献者的不懈激情与智慧，不断通过优质创新产品、系统性解决方案及良好服务来为客户创造价值及价值增值，才能在与客户的共同成长中实现企业的长远可持续发展。

敢于尝试，善用新的科学工具

科学技术是第一生产力，是经济发展和社会进步的重要推动力量，而现代领导活动也毫不例外地受到科学技术发展和现代科技革命的影响。马克思将科学技术称为人类进步的"伟大杠杆"。作为新时代的企业领导者，总裁要善于运用科学技术这个"伟大杠杆"。也就是说，要敢于尝试，善用新的科学工具。而互联网就是当前最主要的新工具。

现代企业组织从内部包含了物流、信息流、资金流这三个流，而信息流占据着其中一个特别重要的位置。现代互联网技术为信息流的产生、传输、存储和处理，带来前所未有的可能，通过信息流、资金流、物流的融合，可提升企业的运作效率，也能够降低物流成本、库存成本，节约资金。总之在新环境下，企业需要从研发、生产到销售、服务等各个环节，依靠互联网来提高产品的品质和服务，利用互联网来改造企业的生产经营活动。

事实上，利用互联网这一新工具对传统企业来说是一个挑战。传统企业利用互联网实现转型，不能仅把它当作一个工具，还要有互联网思维。现实中，大部分企业还是停留在互联网只是工具的这样一个认识层面，更多地认为是一个消息化工具、一种渠道的延伸以及正常营运之外的一种补充，而没有意识到用互联网的思维和模式去对他们的生产流程、管理结构、传播形式做一些根本性的改变，更加没有意识到用互联网去加上任何一个行业就可以形成新的商业模式，颠覆消费市场和消费习惯。因此，传统企业在选择互联网转型道路和模式时，企业总裁要先厘清三个问题：

第一个问题，你的产品、服务在线上的通道和线下渠道，是不是能够很好地融合？这是传统企业首先要考虑的问题，融合得不好，会造成线上冲击线下，或线下分流线上，出现"$1+1<2$"的效果。

第二个问题，在线上线下融合的过程中，产业链条各个坏节如何安排，原有资源如何配置？也就是商业模式的设计。比如，砍掉中间环节去提升效率，这个过程对传统企业来说很痛苦，甚至没有办法实现。又如，是向外获取新的资源，还是整合已有资源，或是线下服务人员进入平台，这些都需要企业总裁通盘考虑。

第三个问题，采用什么样的组织架构和管理方式。与互联网快速变化相适应的，是完全不同于传统企业的组织形式和管理方式。目前，传统企业做互联网转型有两种模式：一种是在企业内部做，另一种是切分出来，单独成立公司。选择哪种模式，关键是看企业现有管理方式和系统是否足够支持互联网业务，但从趋势来看，无论哪种模式，最后一定是整个企业的组织形态都适应互联网的要求。

以海尔为例：海尔有3万家连锁店，不包括店中店，拥有8.6万的产业功能，这样一家巨型公司是如何转型的呢？从 2013 年开始，海尔连锁店裁员 2.6 万人，最关键的是，张瑞敏把整个生产线都打散变成小微组织，不断地创新。这若干个小微组织是可以在商业局注册成立新的公司的，所以海尔人只要有能力，有创新，就能够做自己的事情，而且公司还提供帮助。通过积极推进"企业的平台化、用户的个性化、员工的创客化"，使海尔从靠自身资源求发展颠覆为并联平台的生态圈，员工从原来的执行者颠覆为创业者，用户从被动的购买者变成主动的参与体验者。

海尔进行的是一场深入彻底并且正确的改革之路。这对传统企业利用互联网实现转型具有借鉴意义。

传统企业要理解"＋互联网"与"互联网＋"的区别；企业内部的管理层必须扁平化、年轻化；商业模式必须创新，让用户成为企业的一部分；适应现代的竞争格局、快速迭代，甚至自我颠覆。当然，这四点只是传统企业转型的一些顶层模式的考虑，细化到具体的落实还有新媒体的运营、日常管理方式的调整、营销和服务的方式方法升级等。总的来说，企业转型必须先从思想上高度重视，再从思维上深刻理解，才能把转型当作一件刻不容缓而且任重道远的事情去认真地做。

把握时代脉搏，做时代弄潮儿

企业领导者通常是影响企业文化和品牌价值的核心，优秀的企业领导者大都能够高瞻远瞩，在瞬息万变的时代里及时抓住机遇，为企业的转型和发展未雨绸缪。马云曾经说过，"春江水暖鸭先知"，作为经济市场的组成，企业不能依赖于政府和经济学家来断定经济时局，后者的作用是分析已经存在的经济现象，起到总结经验的作用，真正感知市场发展方向的应该是企业。可见，企业领导者应该具备第一时间感知市场甚至预知市场的敏锐洞察力，机遇总会被有准备的人把握。

很多人说马云是幸运的，赶上了互联网起步的好时候。事实上，那个年代中国很多人已经接触互联网并有一定的基础，但是谁都没有把网络销售的模式当回事，而那个时候没有任何基础的马云却看得透彻。人的惰性很可怕，当时的中国，社会变革和发展的速度远比现在小很多，在自己领域小有成就的企业大都会故步自封，安于现状，毕竟那个时候这种现状可以维持很长一段时间。如今，在大数据、云计算的背景下，即便是戴尔、思科这种巨头的业界地位都岌岌可危，带着新鲜血液的初创企业层出不穷，时代又一次处在变革的路口。如果企业对时代变革的脉搏要么听不到，要么掩耳盗铃，就会被无情地淘汰。

诺基亚是个提起来到现在都让人扼腕叹息的品牌，曾经的行业领头羊。在手机进入全触屏时代最初的时候，诺基亚却不愿意放弃全键盘，而诺基亚也并不相信当时能够做出完善的、美观的全触屏智能手机，直到后来苹果手机出现，一举击垮了诺基亚的手机版图。

显然，诺基亚墨守成规，就不能抱怨这个世界变化太快。其实对任何一个企业而言，变动世界的经营者必须扛起对自己、部门、事业、企业、社会乃至人类的内外责任，根据自己的长处、企业的核心能力做出应有的贡献，在变动的世界中创造更大的机会，进而成为一位真正的"世界公民"。如果你想成为这个世界的英雄，就必须以创新为动力，一是技术创新，二是管理创新，三是企业盈利模式的创新。

一个成功的企业不仅要跟随，而且要在时代的发展中不断地把握机遇。成功的企业需要一个有前瞻性的领导者，及时把握时代脉搏，找到自身发展的"瓶颈"，及时调整企业经营策略，顺应时代要求，引领企业不断地跟随浪潮，顺应时代变革和发展。

案例分析：微软构建知识经济时代的核心竞争力

核心竞争力是指公司能为客户带来特殊利益的一种独有技能或技术。企业通过创造、使用、保存和转让知识、智力，从而使知识变为资产、资本，并在市场竞争中使其价值最大化，便产生了以知识的积累和利用来创造企业核心竞争力这样一种全新的管理模式。微软作为知识经济的代表企业，最突出的特点就是不断积累企业知识资本，而且渗透在企业内部各个环节中，用知识资本打造微软发动机，成了企业发展壮大的核心竞争力。

在微软的发展中，知识管理这一具有强大优势的核心竞争力在企业的内部管理上发挥了重大作用。1995 年，微软信息服务小组开始实施内部网项目，目的是创建一个可以容纳大量文档、市场调查数据、各种研究结果的资源中心，以便在整个公司内部方便地获取，解决资源共享问题，提高工作效率。为达到这一目的，内部网项目组进行了一个关联度测试，关联度测试的主要做法是向一定的员工发放目录卡片，每张卡片上都有关于某个产品、某个事件、员工福利等方面的信息，公司每个人都能在内部网上找到这些信息。然后让每一位被测者将这些卡片分拣成有意义的积累。通过关联度测试分析了其中出现的共同类别，并以此为基础，将内部网上的信息进行分类。同时，这个操作方式也不断演变，小组也一直在密切关注内部网的使用，以发现人们在使用内部网时可能出现的新情况。1995 年的网络技术还在初步发展阶段，微软作为一个新兴的知识型企业，能将这种技术应用到公司的内部管理上，本身就形成了一种不可替代的优势。

内部网的优势具体表现为：其一，信息可以更加方便地定位和定时出版。其二，对大量的、不同类别的信息、服务和工具可以统一访问，一次性出版，然后做多个链接到各地，降低复制劳动和过时信息的数量。其三，保证每个人能够得到最新信息，而且通信工具也得到了改善。其四，提高了应用的综合性，通过在内部网上运行，将应用安置到页面上，旁边有使用说明，降低了重复劳动。其五，每个人都变成了开发员。通过鼓励公司的人成为 Web 出版者和开发员，许多部门都能够指定一个版主，或者至少将 Web 工作写入岗位责任说明中。

除了建立内部网，微软还致力于持续创新。微软初期的竞争优势是靠产品创新和共享来获得。20 世纪 80 年代初，微软进军个人电脑市场，并向 IBM（国际商业机器公司）开出了极具诱惑力的合作条件，即微软完全配合 IBM 和英特尔的硬件标准和规格，特别设计 PC‐DOS 操作系统，每台电脑收费不到 50 美元。双方一拍即合，结果 IBM 成为替微软开拓市场的分销商，从而使更多的人再次认识了微软。

在起步初期，微软就借 IBM 开拓个人电脑之势。微软甚至将自己定位于 IBM 的战略合作伙伴，配合 IBM 生产和销售自己的软件产品，这样，无疑取得了借鸡生蛋、借梯登楼之效。当时，IBM 品牌价值处于世界前列，是全球知名的企业，而微软由于刚刚建立，还默默无闻，合作的结果使双方受益，这样当然谁都乐意了。然而在 2001 年美国《商业周刊》公布的全球最有价值的品牌排行榜上，微软位居第二，而声名显赫的 IBM 也就只能屈居其后了。这正是以知识管理为基础的核心竞争力为微软公司带来的巨大成果。

如果说与 IBM 合作使微软公司迈开了成功的第一步，那么之后的视窗更使得微软如虎添翼。1995 年，微软推出了真正强大而完整的 32 位图形化操作系统——视窗 95 版和视窗 NT 版，使用户得以享受多媒体、资源管理器、高速运算、集成网络、免费互联网络浏览器等多项功能。这些举措直接扰乱了已经拥有可观的市场份额和地位的企业应用软件的竞争者。一时间，微软的竞争优势增加好几倍，Sun 公司、甲骨文公司、美商网威甚至 IBM 公司都把微软公司视为最大的对手。

视窗 95 开启了操作系统研发的新大门，是解放计算机的强大推动力，为计算机更广泛地进入社会创造了条件。第一，运行视窗 95，对个人电脑的配置要求最好是 586，这样就加快了硬件的更新换代，因为硬件的升级是每个电脑用户必须考虑的。这对电脑硬件制造厂商来说当然求之不得。对于整个电脑产业来说这也是一次巨大的推进。

第二，随着电脑硬件技术的发展，操作系统由 16 位向 32 位过渡是必然结果。视窗 95 使文档处理和网络处理高速化，时间只是 DOS 的 1/4；与采用 DOS 或视窗 3.1 相比，系统内部资源可增加 4~6 倍。视窗 95 的推出推广了新一代的 32 位应用软件，使个人电脑硬件发展到即插即用，同时它在主流机上引入了功能强劲的 32 位操作系统。第三，扩大了即插即用功能。在接通电源后，视窗 95 操作系统可以任意插拔各类卡，诸如传真、调制解调器等，使即插即用功能随时发挥出来而不受电源影响，极大地方便了用户。所以说这是微软的转折点，也是计算机产业发展的转折点，更是微软引领世界潮流的一个里程碑。

现在，国际上企业间的竞争主要集中在决定其全球领导地位的核心竞争力方面的竞争，在这场竞争中，微软一直把知识管理当作最有利的武器，在推进技术创新的同时，最关键的是还创建了行业标准。行业标准是一种非常有力的利润引擎，微软公司把其采用的基础产品模型过渡到行业标准模型，这便是广为人知的微软战略或微软方法。

从上可以看出，微软公司的发展历程其实就是不断提升其自身竞争力的过程，从开始建设内部网到创建行业标准，微软的每一步发展都离不开知识管理。知识管理作为一种独特的，具有价值性、延展性的能力，为微软公司带来了极强的生命力和竞争力。

（来源：根据"价值中国"2009 年 12 月 28 日《构建知识经济时代的核心竞争力——美国微软公司核心竞争力探析》改写）

第四篇

链、合、局、融

第四章

综合品牌

第十三章　融入生态链，撬动生态圈
——互联网时代的共赢法则

商业丛林中的"坍塌"法则不仅会摧毁一个物种，甚至会摧毁一个生态链，应对这样的现实法则，需要企业把自己的根更深入地融入到商业生态链之中，并且运用互联网思维打造企业生态基石，企业领导者更要勇于撬动商业生态圈，不断进化演变，避免"坍塌"的发生。

商业生态链的构成及其功能

商业生态链是一个系统，其构成包括生产者、消费者、分解者和市场诸要素，是各单元的集合，如图 4-1 所示。

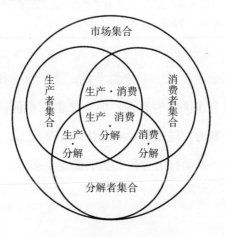

图 4-1　商业生态链的构成

在商业生态链中，各要素的功能如表4-1所示。

表4-1　商业生态链中各要素的功能

要　素	功　能
生产者及其功能	商业生态链中的生产者即企业，是产品和服务生产的经济单元，其功能是将生产要素资源变换成产品，其基本特点是改变物质形态，提高物质对人类的有用性，创造物质的附加值。根据企业投入要素和产出品的性质，可将企业分为基础企业、中间企业和最终企业。基础企业是以自然资源为主要物质类投入要素，如冶金类企业、石油类企业、煤炭类企业、电力类企业、农林类企业等；中间企业是以企业产品为主要物质类投入要素，产出品是简单的商业生态系统又是其他企业的投入要素，如机电类企业、纺织类企业、重工业类企业等；最终企业是以可供人们消费的商品为产出品的企业，如服装企业、食品企业、家电企业、交通运输类企业等
消费者及其功能	商业生态链中的消费者是产品和服务的使用者和消费者，其功能是将企业的产品"变换"成劳动力、知识等生产要素和发展能力，其基本特点是改变物质和精神服务的形态，产生知识、技术以及人类延续和进化的能力。消费者可分为家庭（或个人）消费者和政府（或部门）消费者。家庭消费者使用产品或服务以延续生命并提供生产要素和知识创造能力。政府消费者使用产品或服务提供组织、管理等服务
分解者及其功能	商业生态链中的分解者，是处理企业和消费者产生的废品物资的经济单元，其功能是将废品物资收进和处理，并归还大自然，其基本特点是维护人类生存环境的"绿色"，保持自然生态系统的平衡，促进人类可持续发展。分解者可分为纯分解者，专门从事废品收购与处理的企业；生产带分解者，即生产性企业辅代分解功能；消费带分解者，即消费者辅代分解功能
市场及其功能	商业生态链中的市场，是企业之间、企业与消费者之间、企业与分解者之间进行物质交换的场所，其功能是在各经济单元之间进行物资、能源、资本、劳动、知识、技术、信息等商品与生产要素的等价交换，其特点是促进社会财富流动和优化配置，维持商业生态系统的价值平衡。市场可分为商品市场、要素市场、废品市场和金融市场等

　　商业生态链注重强调企业建设一个价值平台，该平台或者以自身能力为基础撬动生态链各方，借助各方或合作伙伴的资源、能力来创造价值；或者通过平台建设，以借助、撬动生态链各方的能力，进而形成竞争优势。事实上，互联网时代的商业模式，就是如何设计这样的平台，从而打造合作共赢的商业生态链。

互联网思维模式下的商业生态链

互联网时代商业模式设计的本质是生态链的利益设计。传统的商业模式设计，战略就是发挥和整合自己的优势去满足客户的某种利益，组织只要紧盯着自己的细分市场（战略定位的结果），设计好最终客户的利益，整合资源，服务好自己的客户就万事大吉了。

互联网时代，这一切都变了，客户的选择余地越来越大，要求越来越个性化，还要快速响应——欲望一旦被刺激起来，就会永不满足地苛求，既然互联网能够提供更多选择、更个性化的定制、更快响应，消费者就忍受不了原来"小米加步枪"的传统模式。社会意识变迁倒逼商家转型，为了满足客户日益苛刻的要求，商家不仅要把自己的优势发挥到极致，而且要把员工的积极性调动到极致，还要尽最大可能横向整合资源，把企业拓展成生态链，调动整个生态链的资源来满足客户的需求。

显然，只做客户和自己两方面利益设计的商业模式不能最大限度地调动价值链各个环节参与者的积极性，这种模式出现了假设性错误，即把员工、供应商、合作伙伴当成了工具，当成利用的对象，而不是参与者、伙伴和股东，这种假设下，员工、供应商、合作伙伴的积极性是很难被调动的。于是，商业模式的设计不得不升级，商业模式不再是组织与最终客户之间的事，还要设计伙伴、团队甚至社会的利益，商业模式设计就升级为商业生态链设计了，设计者要为全生态链上所有的玩家设计生存模式和利益模式。

上天有好生之德，天地为其演化的万物都设计了生存方式：兔子吃草，狼吃兔子，老虎吃狼……自然法则支配下的商业生态链也类似，大平台一定要让所有的参与者各得其所。要做平台，就要有厚德载物的精神，能够给在自己这个平台上生存的万事万物以庇护、包容和滋养。正所谓"道法自然"，最佳的生产关系就是效法天地的无为而治。这就是互联网思维模式下的商业生态链！

企业如何撬动商业生态圈

商业生态圈是一个宽泛概念，涉及层次多，包括产品、组织、行业和地域等层面。本书讨论的是组织层面商业生态圈，也就是企业与其他组织和个人间的协作、共生关系。组织层面的商业生态圈是指由多个（三个或以上）具有相关利益关系的不同组织和个人，在彼此依赖、互惠的基础上，为了达成共同目标而采取集体行动的联合体。

在今天异常动荡、复杂的环境下，企业要获得成功必须兼备核心竞争力和优化商业生态圈的能力。而这正是时代给企业领导者提出的新挑战。那么，在新的规则下如何构建和优化生态圈？这需要企业领导者们认真思考以下几个问题，如表4-2所示。

表4-2　如何构建和优化生态圈

事　项	含　义
勾勒立体的生态圈	如果跳出价值链的框框，引入跨界生态伙伴，往往能使价值成倍增长。但是，生态圈的立体化会增加与其他生态圈重叠的概率。比如，国内互联网巨头BAT曾经分耕于搜索、电商和社交业务，但是近年来它们之间的重叠业务越来越多。此外，在组织层面生态立体化的同时，还要避免行业层面生态的恶化。这要求领导者"有所为而有所不为"，对自身所处生态的本质有深刻的认识
重新定义自身业务的边界	优化生态圈既不是完全控制，也不是完全放手，而是在两者之间做出权衡：哪些事情要自己做，哪些事情让生态圈的伙伴来做？定义业务边界的一个重要衡量标准是：控制与放手将如何影响参与者的嵌入性。如果能够调动生态伙伴的积极性，形成利益共同体，往往能创造更大的价值
具有舍得智慧	获取价值不等于榨取价值。从长期来看，一味地索取只会有损于生态圈的整体健康，最终反噬自身。同时，一味地给予也无法长久。企业的领导者要学会"聪明地给予"，在个体与整体、当前与未来之间找到互惠、平衡与价值再生的路径

商业生态圈正在逐渐走向商业舞台的中央。在今天的环境下，拥有核心竞争力已经不能保证企业在竞争中立于不败之地。因此，主动构建、优化与生态伙伴的关系，营造共生、互生、再生的商业生态圈，将会成为未来商业游戏的主旋律。

案例分析：腾讯 miniStation 打造新商业生态链

2015 年 11 月 9 日，腾讯 miniStation 微游戏机专场发布会于北京竞园艺术中心成功举办。2016 年 1 月 15 日，腾讯 miniStation 开发者大会在成都丽思卡尔顿酒店顺利召开，并成功聚焦了全国游戏开发者与玩家的目光。它的发布，不仅标志着腾讯 miniStation 微游戏机以一种轻量的方式进入了一个新的千亿级的市场，而且其本身的产品研发、运营及商业模式也开创了游戏机等智能产品的先河。

腾讯曾于 2014 年以 72 亿美元的年收入正式成为全球收入最高的上市游戏公司。与其他游戏公司主攻 PC 游戏及电视主机游戏不同，腾讯采用了手机游戏 + PC 游戏的策略，从其收入占比上也能看出端倪。现在，腾讯以 miniStation 切入家庭娱乐市场，拟在家庭中争取到更多的用户时间，而更多的用户时间，则意味着更多的商业机会。

在国内，经过多年的经营与积累，腾讯在游戏内容方面已经有了成熟的平台和庞大的用户群体，并且打通了社交与支付平台，涉足游戏硬件可谓是万事俱备只欠东风。与传统的游戏主机厂商采用统一的规格和设计不同，miniStation 选择了一种新颖且共赢的研发模式：由腾讯 miniStation 提供解决方案，由其他硬件厂商完成外形设计、生产制造环节。就像英特尔推出的"超极本"一样。目前，miniStation 已确认的第一阶段硬件生产商为联想和创维，这两家科技公司均有强大的技术实力，将在未来打造出拥有各自不同风格的 miniStation 微游戏机产品，并完成最终的销售、售后环节。

除了硬件方面，在软件供应方面 miniStation 微游戏机也有很高的起点。游戏内容上除了腾讯游戏之外，发布会现场，中手游等国内第三方游戏开发商也已确认入驻。在

miniStation 微游戏机构筑的全新环境下，第三方游戏开发商无须适配，就多了一个强大的分发平台。

在腾讯 miniStation 微游戏机打造的这个商业模式里，在游戏内容的支持下，硬件厂商通过各大渠道广泛铺货，销量可期；同样，游戏厂商也将在这里获得一个新的分发渠道，平台、硬件、内容形成一个互利互补的生态链。随着未来其他外设的加入和 miniStation 功能的进一步提升，游戏行业或将得到全新的发展，创造出更多的用户和更大的市场。

（来源：根据"威锋网"2015 年 11 月 11 日《高起点出发 腾讯 miniStation 打造新商业生态链》改写）

第十四章　资源整合，整体最优
——做到有进有退、有取有舍

　　资源整合是企业战略调整的手段，也是企业经营管理的日常工作。整合就是要优化资源配置，就是要有进有退、有取有舍。为此，企业要明确资源整合的方向，内部资源整合要形成支持力、决策力和执行力，外部资源整合要采取不同的方式，从而获得整体的最优。

企业资源整合的方向

　　企业资源整合是一个为实现长远利益而采取的战略决策，随着市场的变化与发展，企业的各种资源必须整合与优化，这需要极强的战略协调能力。企业必须设立动态战略综合指标，及时调控企业的资源能力，从而完善企业的战略。

　　在当今新经济时代背景下，企业要在瞬息万变的市场环境中立于不败之地，就必须依托现代化的管理思想和手段，对企业内外部资源进行有效的整合。企业的发展离不开企业的认知度、美誉度、顾客忠诚度。那么如何提高顾客满意度？如何占有更大的市场份额？如何建立高效的业务流程，降低成本以获得更多的利润？这些问题已经成为企业生存发展的三大核心问题。也就是说，企业的资源整合就是要围绕这三大核心问题展开。

企业是否具备知识管理的能力是企业能否获得竞争优势的关键，而这一点恰恰又是新经济时代对现代企业的要求之一。现实中，不同企业占有不同规模、不同组合的土地、设备、资本、人力等资源，产生了不同的经营规模和效益，这在一定程度上弥补了传统竞争战略理论的不足。但市场发展越来越完善，土地、设备甚至人力资源等都可借助资金通过等价交换从市场上获得，由此可见，竞争优势和对企业具有普遍意义的资源之间并不存在直接的因果关系。透过资源这个表面现象我们可以发现，实际上是企业配置和利用资源的能力给企业带来了竞争优势。

事实上，在众多有形或无形的企业资源中，企业的专家团队与企业的顾客关系应该是现代企业的两个重要资源。换句话说，就是企业资源的整合应该从这两个资源的整合着手。因为，现代企业是以能够适应新经济浪潮并充分利用新技术为主要特征的，但万事以人为本，所以组成企业的专家团队与企业所挖掘开发出的良好顾客关系即成为现代企业的两个最重要的资源。

管理和营销都是对企业资源的合理配置和灵活应用的具体过程。管理者自身是企业资源的一部分，营销员自身也是企业资源的一部分，企业的顾客关系更是企业资源的重要组成部分。所以现代企业必须重视和研究这两大资源的开发和利用。

如何整合企业内部资源

企业的资源主要分为三种：有形资源、无形资源和组织资源。有形资源，是指可见的、能用货币直接计量的资源，主要包括物质资源和财务资源。无形资源，是指企业长期积累的、没有实物形态的，甚至无法用货币精确计量的资源，通常包括品牌、信誉、技术、专利、商标、企业文化及组织经验等。组织资源，是指企业协调、培植各种资源的技能。

内部整合是指企业（或资产所有者）将其内部产业和业务根据优化组合的原则，

进行重新调整和配置。内部整合是在现有资本结构的基础上,通过调整内部资源,包括控制成本、提高生产率、开发新产品、拓展新市场、提高管理能力,来创造和维持现有的竞争优势。

为了能更好地资源整合,很多企业甚至聘请专业的营销策划公司团队为其出谋划策。其实,只要找准企业资源的核心,再对症下药,资源整合也可以是一件简单的事。

我们要知道,企业内部资源包括市场资源、信息资源、社会资源等,核心是人力资源。整合企业内部资源就是通过人力资源整合再整合市场资源、资本资源、信息资源和社会资源,通过这种整合就形成了支持力、决策力和执行力,如表4-3所示。

表4-3 企业内部资源整合形成的"三力"

三 力	含 义
支持力	即企业要做成一件事,其所积累的资源状况能够提供支持,保证这个事顺利做成。支持力是以资源的存在为前提的。如果没有这种资源,尽管有决策力并且知道往哪个方向去努力,还是不足以完成整合任务,所以支持力在这里显得也就很重要
决策力	就是战略、措施、目标的选择都恰到好处。决策力保证企业努力的方向,它是体现在企业经营决策人员身上的,但它不仅是一个人的能力,而是一个团队的能力,一个组织的能力。如果仅体现在一个人身上,那其实就没有整合
执行力	就是有了一个好的决策,战略选择对了,措施方法选择也对了,目标确定得也很恰当,就需要有人把这些决策的内容落实下去,那么能够把这些决策的内容落实下去的一种能力,就是执行力。如果缺乏执行力,再好的决策都是空话。所以,决策力如果没有执行力给予支持的话,这个决策力那也不能称其为决策力了

企业核心竞争力首先就表现在整合企业内部资源上,把方方面面的资源整合起来就形成了以上三种力。三种力形成之后可保证资源整合工作的顺利进行。

企业外部资源整合的三种方式

企业外部资源是指对企业经营有影响但是企业不能完全掌控的所有社会因素和环

境因素的集合。如企业社会公共关系、企业所在地的经济环境、自然环境和人文环境以及供应商、消费者等。任何一个企业拥有的资源都是有限的，企业不仅应拥有资源，而且还要具备充分利用外部资源的能力，使社会资源能更多更好地为本企业的发展服务。

按照资源整合方式的不同，可以把资源整合分为三种形式：纵向整合、横向整合和平台式整合，如表4－4所示。

表4－4　企业外部资源整合的三种方式

方　式	实施要领	案　例
纵向整合	是处于一条价值链上的两个或多个厂商联合在一起结成利益共同体，致力于整合产业价值链资源，创造更大的价值。传统的"原材料供应—设计制造—产品分销"就是一条典型的纵向价值链，企业在其中要考虑的问题是：自己是否处于价值链上最有利的位置？自己是否在做最适合自己、最能发挥自己优势的工作？如果不是，自己在哪些环节上没有相对优势？而应整合哪些具有相对优势的资源？如何整合	书店放弃传统的经营方式，即从出版社买书，再转卖给顾客，利用买卖之间的差价获得利润，而转向与出版社和快递公司结成战略联盟，大大扩展了生意量，每个参与方都获得了更多收入：出版社可以卖出更多的书，快递公司得到更多的生意，而书店得到更多订单，并同时节省了运输成本，顾客也可以享受到更快捷方便的上门送书服务，这都是传统的书店做不到的。这样的操作模式在现实生活中早已出现，并且成了非常成熟的模式，三味书屋、卓越亚马逊网、当当网等全是这种新模式的受益者
横向整合	是把目光集中在价值链中的某一个环节，探讨利用哪些资源，怎样组合这些资源，才能最有效地组成这个环节，提高该环节的效用和价值。它与纵向资源整合不同，纵向资源整合是把不同的资源看作位于价值链上的不同环节，强调的是每个企业要找准自己的位置，做最有比较优势的事情，并协调各环节的不同工作，共同创造价值链的最大化价值。横向整合的资源往往不是处于产业链内，而是处于本产业链外	横向整合成功的案例比比皆是，如联想并购IBM等经典案例

方　式	实施要领	案　例
平台式整合	平台式整合考虑的是，企业作为一个平台，在此基础上整合供应方、需求方甚至第三方的资源，同时增加双方的收益或者降低双方的交易成本，自身也因此获利	阿里巴巴就是一个典型的搭建平台整合资源的例子。它整合了供应商和需求方的信息，打造了一个信息平台。供应商和需求商可以通过它交换信息，互通有无，达到最佳的交易效果，阿里巴巴则通过收取服务费而盈利

案例分析：从加法到乘法：四川航空灵活运用资源整合概念

在四川成都机场有个很特别的景象，当乘客下了飞机以后，会看到机场外停了上百部的休旅车。如果乘客想前往市区，平均要花 150 元车费去搭出租车，但是如果选择搭上面那种黄色的休旅车，只要一台车坐满了，司机就会发车带乘客去市区的任何一个点，完全免费！你是乘客你要不要搭？相信绝大多数乘客是会选择"免费接送"的。

原来，四川航空公司一次性从风行汽车订购 150 台风行菱智 MPV。公司采购风行菱智 MPV 主要是为了延伸服务空间，挑选高品质的商务车作为旅客航空服务班车来提高在陆地上航空服务的水平。为此，四川航空公司还专门制定了完整的选车流程。作为航空服务班车除了要具备可靠的品质和服务外，车型的外观、动力、内饰、节能环保、操控性和舒适性等方面都要能够达到服务航空客户的基本要求。

150 辆休旅车，这么大一笔订单当然是为了要提供上述免费的接送服务，其中还包含了一个有趣的商业模式。原价一台 14.8 万元的休旅车，四川航空要求以 9 万元的价格购买 150 台，提供给风行汽车的条件是，司机在车上帮车商销售车子，在乘客的乘坐体验中顺道带出车子的优点和车商的服务。

为了找到司机，四川航空征召了很多找不到工作的出租车司机，以一台休旅车17.8万元的价钱出售给这些准司机，告诉他们每载一个乘客，四川航空就会付给司机25元。司机为什么要用更贵的价钱买车？因为对司机而言，比起一般出租车要在路上到处找客人，四川航空提供了一条客源稳定的路线，这样的诱因当然能吸引到司机来应征。

接下来，四川航空推出了只要购买五折票价以上的机票，就送免费市区接驳的活动，基本上整个资源整合的商业模式就形成了。

对乘客而言，不仅省下了150元的车费，也省下了解决机场到市区之间的交通问题，划算！对风行汽车而言，虽然以低价出售车子，不过该公司却多出了150名业务员帮他卖车子，并省下了一笔广告预算，换得一个稳定的广告通路，划算！对司机而言，与其把钱投资在自行开出租车营业上，不如成为四川航空的专线司机，获得稳定的收入来源，划算！至于对四川航空而言，这150台印有"免费接送"字样的车子每天在市区到处跑来跑去，让这个优惠信息传遍大街小巷还不够，他们与车商签约在期限过了之后就可以开始酌收广告费，包含出租车车体广告。最后，四川航空是最大的获利者，时间不长就进账1320万元。而且，当这个商业模式形成后，据统计四川航空平均每天多卖万张机票。

"找到更多的人帮你的顾客付钱，找到更多人帮你付成本"的方法就是将资源整合运用，而非各自营利各自负担成本的传统商法。以四川航空公司的商业模式而言，也可说成是一个整合式的营销策略，形成了一个互利的"交换系统"。由此证明，用资源整合的概念思考，可以帮助企业找到创新的商业模式！

（来源：根据"中国梦·新财富"2014年3月12日《四川航空免费休旅游车看资源整合》改写）

第十五章　放大格局，积极布局
——一切都将不可思议

　　格局有多大，布局就有多大。老板的格局无关"体积"、无关财富、无关年龄，只看你的视野、你的心量、你的思想。同样的，成功的企业往往有一个富有远见的总裁，他能看多远，企业就能活多久，这就是格局。有格局的企业领导者，会致力于各个系统的布局，也会追求"1＋1＋1"的产业布局战略。

老板的格局是企业的天花板

　　老板的格局决定了公司的前途和未来，老板就是企业的天花板。那老板大致会有哪些境界和格局呢？这从老板的三种境界上可以看出来。

　　第一种老板是能人，自己在某方面有所长，发挥到一个极致。在这样的老板看来，勤快、听话、忠心是其选择员工的标准。员工往往以自己的亲属、同乡、旧同事为主要来源。

　　老板一直停留在做"能人"的境界，就导致公司无法做大。因为老板忙不过来，一做大公司就乱或者死。停留在这一层的老板，往往在生存边缘挣扎，暗自骂自己的手下不得力，但又不会找几个厉害的人进来。为什么会这样？可能的原因是，老板不相信别人；老板不懂得授权；老板不懂得培养人；老板不能够将他的决策要点表达出来并传递；老板只想找一些廉价劳动力——缺少合适的人才；老板不懂得使用人才或者驾驭不了人才。这些原因导致的结果是，不能形成流程与规则；不能传递他的技术诀窍；不能够让员工和企业一起成长；不管公司有多少人，本质上还是一个人在单打独斗。破解这一难题的出路在于：建立流程、授权与决策等规范；培养可以授权的人；将不同范畴的事情部门化。

第二种老板往往有某种特别的专长，比如技术或营销方面的专才。这样的老板，知道自己的强项，也知道需要别人的配合来弥补自己的不足，但往往容易过分强调自己已经很强的方面而轻视其他部门的重要性。如技术出身的老板经常把技术和产品高看，觉得凭我的技术（产品）就可以大小通杀；只要产品做好就万事大吉了，他们相信"酒香不怕巷子深"。营销出身的老板，可能夸大营销的作用，认为产品一般也可以通过关系和营销卖个好价钱；一家公司能不能成功主要取决于营销等。

这样的公司，在今天还有很大生存空间，毕竟中小企业还很多，市场需求纷繁复杂，凭关系、产品、技术、服务中的一项就可能活得不错。但如果要继续发展壮大，就会力不从心。一些企业也在尝试做大的过程中铩羽而归。当这样的老板哪一天明白了一家公司要的是综合实力而不仅是某个部门强大才能够超越对手发展，同时又能够找到合适的人才，他的境界就开始升华了。公司就会逐渐成长为真正意义上的公司，而不是只靠某个老板自己擅长的部门支撑的畸形公司。破解这一难题的出路在于：认识到只靠自己是玩不大的；认识到公司需要各部门平衡与协助；认识到需要不同的人才组合与协调；愿意与引进的人才或股东分享利益；愿意建立流程、规范与规程；愿意将大部分日常运作的决策权授予出去。

第三种是真正的"大老板"。这种老板已经从公司日常营运中解脱出来，真正去管战略制定、目标分配、风险控制、人才与分配、制度建设等企业发展方面的事情，这些才是老板应该管的事。

不管怎么说，老板是公司生存和发展的关键决定因素。因此，"格局"问题是每一个企业老板应该认真反思的，而且这也是互联网时代"新领导力"的要求。

企业家的格局首先体现在用人上，用人要有气度。只有"大肚能容，容天下难容之事"，才能成大业，成常人难成之举。

被奉为世界第一 CEO 的韦尔奇之所以能在被有些人视为多元化是经营误区的观念中取得辉煌的业绩，是因为韦尔奇的多元化经营无人能及，韦尔奇的多元化经营改写了营销界对多元化经营的误判观念，主要是韦尔奇具有在广揽人才的基础上只做第一或第二的眼界、视野和胸怀，因此成就了韦尔奇世界第一 CEO 尊号的同时也成就了通用电气业界这个无人不知无人不晓的伟大品牌。

企业家的格局还体现在战略管理上。当前经济不景气围困着中国企业和中国企业家。其实，最大的困阻还是来自中国企业家的人生格局。掌握人生话语权，积极应对时代风暴，站在视野制高点，从容适应社会转型，这种视野才是战略管理格局，这种境界才是开放格局。

拥有大格局者，有开阔的心胸，不会因环境的不利而妄自菲薄，更不会因为能力的不足而自暴自弃。而格局小的人，往往会因为生活的不如意而怨天尤人，因为一点小的挫折就一筹莫展，看待问题的时候常常是一叶障目不见泰山，成为碌碌无为的人。日本"经营之神"稻盛和夫，就是少有的能够把人生主题深化的商业领袖。

稻盛和夫在他长达 42 年的经营生涯中，一手创造了两家世界五百强企业，却在退休时把个人股份全部捐献给了员工，自己皈依佛门，转而去追求至高的精神财富。他认为，人生就是提升心智的过程。有了这样的超脱和追求，使得稻盛和夫得以拥有了俯瞰人生的视野。他说："成功和失败都是一种磨难。有人成功了，觉得自己了不得，态度变得令人讨厌，表示其人格堕落了；有人成功了，领悟到只凭自己无法有此成就，因而更加努力，也就进一步提升了自己的人性。而真正的胜利者，无论是成功或者失败，都会利用机会，磨炼出纯净美丽的心灵。"

企业家的格局，应该是与时偕行，与时俱进。马云说过："脑子里整天想钱的人成不了企业家。"道理简单，又很深刻！心胸决定格局，眼界决定境界。某种程度上，掌舵人的胸襟和格局怎样，决定了市场能否做大，企业能否做强。

企业家应有的营销思维格局

当今市场，千万企业你方唱罢我登场，各领风骚三五年，竞争日益激烈，形式更加纷繁复杂。那么，企业间的竞争靠的是外化的品牌、广告、形象、公关、服务吗？靠的是更加深层的战略、资本、商业模式吗？答案是否定的，这些都是企业经营活动必不可少的手段。企业间竞争的真正核心是创造并运用这些经营手段的企业家思维。那么，当今企业家应该具备什么样的思维？

一个企业家的思维，既有与各行业卓越人士相同的追求卓越、不断超越自我的思维特征，更有经营企业的特殊思维。主要有共赢思维、超前思维、整合思维、危机思维、哲学思维五种形式。

所谓共赢思维，就是企业家在思考企业生存和发展时，不是孤立地从企业自身的利益出发，而是寻求同行业、同地域企业做大做强的宏观战略与策略，然后通过企业自身的努力，获得自己应有的份额，而不是思考如何将竞争对手置于死地。

好记星在2004年开发市场时，确定了"要把市场总量放大、从原有的品牌中分掉一些市场、颠覆整个市场格局"的三条策略，最终目标是成为电子词典市场老大，成为学生英语教育市场老大。为此，它从当时市场三大主力品牌好易通、记忆宝、文曲星中各取一个字，即好易通之"好"，记忆宝之"记"，文曲星之"星"，创造了一个"兼济天下"的品牌——好记星。从2004年5月启动市场以来，他们强化"学英语，单词是关键"的差异诉求，"一台好记星，天下父母情"的情感诉求，配以央视黄金时段的广告发布，保健品式整版报纸广告的广告模式，电视购物与终端POP双管齐下的渠道策略，使英语电子词典市场迅速升温。不仅好记星旺销，也带动了老品牌的销售，同期还涌现出乾坤英考王、e考通、e百分、ee星、诺亚舟等新品牌电子词典。经过三年，好记星牢牢坐上了英语电子词典头把交椅。2004年销售额2亿元，2005年12亿元，2007年达到创纪录的20亿元。

共赢思维的本质就是"利人"思想。华人首富李嘉诚在总结自己从商心得时说：做生意要"打出以利人为先的牌"，"小利不舍，大利不来"。因此，新世纪企业家要想在市场上获得更大的份额，一定要树立"利人利己"的共赢思维，而不能用"损人利己"的思维期望独霸市场。共赢思维其实质是检验一个企业家能否跳出企业看企业，能否具有高站位、大视野、利他人思想境界的试金石。

所谓超前思维，就是对企业、行业和社会未来发展的趋势进行预测和思考。对未来的趋势进行清醒认识、分析判断和思考采取何种策略的思维。

比尔·盖茨很早就把全部精力投入到他与孩提时代的好友保罗·艾伦在1975年创建的微软公司中。在计算机将成为每个家庭、每个办公室中最重要的工具这一信念的引导下，他们开始为个人计算机开发软件。盖茨的远见卓识以及他对个人计算机的先见之明为微软和软件产业成功发展做出了巨大贡献。经过不到30年的奋斗，盖茨的超前思维变成了现实的结果，微软也成为富可敌国的企业。

超前思维既不是凭空想象，也不是主观臆断，它是建立在每个人所具备的知识、经验、信息和思维水平基础上的综合判断与大胆想象，这种判断与想象一旦形成，将会在每一个企业家心中形成强烈的航向感、远大的目标感，有了方向和目标，就会指引企业通过坚持不懈的努力，到达成功彼岸。"不谋万世者，不足以谋一时"，古人的这句名言既是对不具备超前思维能力人的警示，也是对具有超前思维能力企业家的启迪。因此，企业家在新世纪的搏击中，一定要具有超前思维，具有"远见"，方可达到"谋定而后动"的境界。

所谓整合思维，就是在考虑经营方略时，不仅考虑企业内部已有的资源，还要善于将企业外部资源纳入思考范围，将内外资源有机组合，达到为我所用的思维。

北京心力源源电子有限公司，其前身北京富达中天电子有限公司，是国内知名的电子通信产品商，在中国市场销售的正品摩托罗拉汽车电话的90%，都是由富达中天代理销售的。后来，心力源源面对汽车手机销售难题，运用整合思维，实施了"免费送车载电话"营销活动，该活动的规则是，凡在活动期间，任何拥有汽车的消费者个人，或者单位客户，可以完全免费得到一部摩托罗拉汽车电话，并可以与心力源源公司签订正式赠送协议，从而得到法律保护。被赠人所履行的义务很简单：只需要将按照正常要求的汽车保险费交纳或者转移，或者延伸到心力源源公司的合作保险公司那里即可。而心力源源在实施方案之前已和中国平安保险公司签署了协议，作为平安的保险代理，从车主交纳的车保费中获得8%的正常与合理的返利。消费者的车保，也只是按照正常的标准交纳，并无涨价。心力源源要求消费者稳定投保的期限也并不长，仅两年。两年之后，按照赠送协议，消费者可以完全拥有这台汽车电话的产权。经过一年的实施，心力源源当年"赠送"的总量，达到了1.4亿元。全球著名的整合营销传播创始人舒尔茨教授曾经对此称赞道："心力源源的活动，是目前我所看到的最有趣的中国整合营销传播案例。在这个案例中，消费者得到了满足，而且没有付出额外代价；保险商得到了稳定和高价值的客户；代理商得到了合理的佣金；心力源源获得了市场、品牌和资金回报。形成了一个良性的闭环财务系统，没有资源的浪费。这就是整合的力量。"

整合思维不是简单的"1+1"或"1+N"，而是在企业内部资源和外部资源之间寻找不同利益者之间的共同利益点，当资源提供双方或多方利益点达到相对平衡，消费者需求达到较大满足时，整合思维才能结出丰收的硕果，为本企业和外部企业带来收益。从心力源源案例中我们可以看出，在这个模式里，涉及的每个行业，都大大提升了自己的效益比，形成了一个卓越的物流和财务循环链。因此，整合思维不仅是企业间利益的整合，更重要的是建立新商业模式的思维基础，是社会资源与企业资源达到优化配置的系统化思考。新世纪企业家一定要学会运用整合思维，在战略制定、兼并重组、整合营销、商业模式构建中发挥应有的作用。

所谓危机思维，是指企业家在企业取得成就，或企业处于发展顺境时，不沉湎于成功的喜悦，而是居安思危，敏锐发现存在的问题和可能面临的困难，全面思考企业前进中应该解决的问题，以确保企业稳健发展的思维。

华为能够取得今日的业绩，其重要的原因之一，就是企业 CEO 任正非的危机思维发挥了重要的作用。任正非在闻名于业内的《华为的冬天》一文中说，他天天思考的都是失败，对成功视而不见，也没有什么荣誉感、自豪感，而是危机感。在随后的姊妹篇《北国之春》中，任正非是以这样笃定的语气来阐明"华为的冬天"的论点的："华为的危机，以及萎缩、破产是一定会到来的。"正是因为一直以来树立的危机意识，才使华为一步步走到了今天。

危机思维是考验一个企业家能否成功超越自我的工具，是确保企业家保持清醒头脑，看清未来将会产生何种困境的能力，没有危机思维，企业就难以不断发展壮大。在纷繁变化的新世纪，企业家要牢固树立危机意识，把意识变成危机思维习惯，只有这样，才能够牢牢把握企业基业长青的命脉。

所谓哲学思维，是指企业家能够将自己从事企业管理的经历和经验，自觉运用归纳与演绎、抽象和具体、综合和分析等哲学思维方法，使之上升为具有普遍性的规律性认识，成为指导企业经营的系统化、理论化的世界观的思维过程。

海尔老总张瑞敏不仅能够带领海尔成为营业额超过 1200 亿元的世界第四大家电生产商，而且还能够运用哲学思维将海尔的管理经验总结成具有普遍性的规律。在总结海尔 20 多年发展变化历程时，他将其概括为"四化"，即"专业化、多元化、国际化、全球化"。张瑞敏用充满智慧的哲学思维总结道："海尔在这 20 年中在大的决策上没有出现大的失误，在大的机遇上能够比较好地把握，为什么？现在回顾起来，主要是把握了规律。这个规律就是在任何时候任何地点都注意处理好三种关系。第一是无为和有为的关系；第二是重点突破和闭环优化的关系；第三是百米冲刺和跑马拉松的关系。对这三种关系的处理海尔昨天在做，今天在做，将来一段时间内可能还要遵循这个规律，也就是说这个规律是自始至终的。其次这三种关系体现了一种递进的关系，第一种关系是第二种关系的指导，第二种关系是第一种关系的支持。"一个简单的"四化"概括了海尔的历程，一个简单的"三种关系"道出了海尔做大做强的规律，"四化"和"三种关系"不仅是海尔经历和经验的高度概括，也为中国企业做大做强总结出了规律性的认识。尤其是"三种关系"，不仅是海尔在将来一段时间要遵循的规律，而且对想要做大做强的中国企业都具有普遍的指导意义。在张瑞敏的经典语录中，处处充满着哲学的智慧，如"走出去，走进去，走上去"的国际化"三步走"战略，兼并重组的"激活休克鱼"做法，管理方面的"斜坡理论"，都成为对中国企业界具有指导意义的规律性认识。

伟大的企业家与一般的企业家的区别，就在于是否掌握了哲学思维的规律，是否能够自觉运用哲学思维方法。因此，哲学思维，是一个企业家必须具备的思维。企业家要学习哲学思维，掌握并自觉运用归纳与演绎、抽象和具体、综合和分析等哲学思维方法，不断形成企业经营系统化、理论化的世界观。

综观成功的企业家，他们之所以能够取得骄人的业绩，无不具有共赢思维、超前思维、整合思维、危机思维、哲学思维。正是这些富有特质的思维方式，构建起了一个现代企业家宝贵的营销思维格局，使他们成为超越自我的伟大企业家。

企业需完成的七大系统布局

所谓布局，就是对事物的全面规划和安排。在经济学上，就是对公司的全面发展有一个合理的、长远的规划。从理论上讲，布局就是资源在空间上的优化配置。一个企业要想布好局该怎么办？要想布局，首先要"观局"，只有跳出企业才能把企业看得更清楚，来观看这个企业的局。其次，观局的目的是为了使局，最后才是布局。企业中最重要的任务是团队打造，结果企业老板却不舍得在员工的教育上投入，给员工发一毛钱的奖金就觉得员工占自己的便宜，而这个企业的财富又需要员工去创造，可见，这个企业组织团队的系统存在严重的问题，怎样解决？需要建设企业七大系统，如表4-5所示。

表4-5　企业需要完成的七大系统布局

系　统	布局方式
业务系统	业务系统是最基础最核心的系统。创业的时候如果不能把自己的业务系统打造出来，让资金不断流进，不能产生正的现金流，其他一切都毫无意义，这就是业务系统
决策系统	企业不能以为现在有业务做了，就可以大意，按照自己的理解随心所欲。因为企业经营陷入困局时，往往不是因为执行当中出现了问题，都是重大的决策失误造成的，所以建立决策系统至关重要
信息系统	在决策系统基本建立之后，信息系统或者叫情报系统，就显得非常重要了，在这个时候，对内对外，不要轻信别人，作为决策依据的信息，必须是可靠的
研究系统	有了决策系统和信息系统，企业中很多问题需要做很深入的研究之后再决定，要对客户负责，要对股东负责，要对员工负责，不能随着自己的意愿决策，这时就要集合大家的智慧，这个系统就叫研究系统
组织系统	一是组织架构搭建。组织架构的搭建是战略意图实现的重要支撑，其表现形式以及构成，要根据企业实际情况而定。二是对组织间权力的划分。在分权时，要界定清楚组织与组织间的权力边界，要消除模糊地带来的管理冲突，必要时，要按照管控模块，结合行业特点，进行逐项权责划分。三是组织内岗位设置。组织内部岗位的设置要遵循三大原则：工作相近尽可能整合到同一岗位来做，以降低组织内部的沟通成本；要从内控角度进行权衡，防止出现监管失效问题；要尽可能消除内耗，禁止将同一工作拆分给不同人（岗）来做。四是岗位工作明确。在岗位明确工作后，要按照PDCA循环的模式来设计，设计时最好要明确相关工作内容的输入与输出，同时要为机动工作留有一定余地
团队系统	团队是一个由基层和管理层人员组成的共同体，它合理利用每一个成员的知识和技能协同工作，解决问题，达到共同的目标。团队的构成要素可总结为"5P"，分别为目标、人、定位、权限、计划。团队和群体有着根本性的区别，群体可以向团队过渡。一般根据团队存在的目的和拥有自主权的大小将团队分为五种类型：问题解决型团队、自我管理型团队、多功能型团队、共同目标型团队、正面默契型团队

系　统	布局方式
文化系统	文化理念体系构建是在对过去、现在及未来三个阶段的调查、梳理的基础上，进行综合布局及系统分析，前瞻性地提出文化理念体系

上述七个系统不是递进的关系，在不同时期具体地位是不一样的，在不同时期重点建立的系统是不一样的。建立企业七大系统，各个系统在企业发展的不同时期分别建立，就是在完善企业的布局形式。企业发展壮大之后，企业的结构增多，各部门之间的沟通与配合变得尤为重要。此时，老板对企业格局的合理布置就非常重要。

"1 + 1 + 1"：民营企业家的产业布局

中国的民营企业发展到今天，已经初步完成了第一代创业的过程，大部分的民营企业家有了两种资产：一是公司发展壮大以后的公司资产；二是个人和家庭积累的个人资产。但大部分中国民营企业家，尤其是那些公司股份全部属于自己家族成员的，一般出于各种考虑而把这两种资产混杂在一起，不分开。与此同时，中国大部分民营企业家的家族第二代也开始长大，大学毕业以后也开始进入商界。所以，这个时候我们讨论中国民营企业家的产业布局问题，也就是讨论民营企业家的个人资产的分布战略。

当然，这其实也是一个格局问题。在大的格局之下，民营企业家要有一个"1 + 1 + 1"的产业布局战略。其具体含义分解如下。

第一个"1"，是指民营企业家自己赖以成功的"发家生意"，也就是自己最早成功的那个行业。这是一个民营企业家的产业基础和事业基础。

对于大部分 1960 年以前出生的现在 50 岁以上的民营企业家，他们在过去 30 多年中伴随着与改革开放一起成功的产业，一定是他们最熟悉、最清楚、最有把握的事情，当然，应该也是最有感情的。所以，在这样的一个产业上，增加自己的投资，保持持续的市场竞争力和领先地位，不仅是一种产业战略，更是生存的基础。但是，一般民营企业家遇到的一个令人头疼的问题是，这样的一个"发家产业"，通常是一个市场完全放开的技术含量有限的制造业，现在的利润率越来越低，通常难以满足消费者高速发展的需要。

第二个"1"，即要从未来长远发展的战略角度，发展一个高成长的新产业。

一个民营企业家，如果真的能够从长远发展战略上安排布置第二个新产业的战略发展和投资，只要不是要求太高，管理也扎扎实实，一步一个脚印，那么，三五年以后，还是基本能够形成一个比较良好的产业格局：老产业继续提供利润和发展支撑，新产业也开始贡献新的希望和未来。跟着企业家一起创业的公司老员工也因此而热情高涨，信心倍增，于是一个集团公司的雏形就开始显现。当然，也有些民营企业家在这样一个从核心老业务转向一个新业务的过程中遇到挫折，乃至失败。但是，这不是新产业本身和发展战略的问题，而是企业家能力和内部管理的问题。因此，是有解药的。

在上面的两个"1"的基础上，第三个"1"也就有了重要的来源和存在的价值，即要做财务投资，或者叫"在某几个产业中，做一个永远只当小股东的人"。

对民营企业家来说，这种财务投资，现在已经越来越重要。中国的资本市场，在过去的三年中有了巨大的变化，中国老百姓的财富和中国企业家的财富，主要已经不是来自我们大家都很熟悉的产业市场，而是来自资本市场。换句话说，金融资本在我们普通老百姓和中国企业家中的作用越来越大。事实上，那些投资于资本市场、投资于风险投资、投资于创业企业的人，已经逐渐在产业和资产上不断胜出。民营企业家如果忽略新产业投资，忽略资本市场，忽略基金，将有可能危及企业生存和发展！

总之，一个深刻理解和贯彻"1＋1＋1"战略的中国企业家，其企业会更加容易发展壮大，会在成功的道路上走得更快，走得更远。

案例分析：企业专利布局成功案例解析

企业专利布局是指企业根据其产业、市场和法律等因素，对专利进行有机结合，涵盖了企业的时间、地域、技术和产品等维度，构建严密高效的专利保护网，最终形成一个保护层级分明、功效齐备、在特定领域有竞争优势的专利组合格局。那么专利布局在企业中到底是什么样？下面通过几个例子解析一下"企业专利布局"。

案例一：微软解锁新专利，手势解锁认机主。微软日前曝光一项新的专利，手机屏幕解锁系统通过监测用户的手指在屏幕上的移动轨迹等简单手势下的生物指纹信息，然后通过这些信息来确认解锁手机的是否是机主本人。并且微软还表示，这项专利其实还可以用在屏幕尺寸更大的设备上，比如微软 Xbox One 和 Kinect 等。众所周知，安全问题一直是众多手机厂商关注的焦点，微软这一专利不但能够为己所用，还能为其他企业申请类似技术的专利设置一道门槛，给竞争者回避其设计设置了很大的障碍。这就是企业专利布局中的"路障式布局"。

案例二：Facebook 专利战——你告我专利侵权 我说你专利无效。Facebook 曾经被一家科技公司以专利侵权告上法庭，Facebook 在辩解自己没有侵权的同时，还拿出了有力的证据来请求法院对涉及诉讼的案件做无效宣告。Facebook 有如此气魄，重要原因就是拥有一个强大的企业专利布局，在该企业获得专利权前先获得授权，在专利布局的时间维度上占尽优势。由此可见，在企业不慎卷入专利侵权纠纷时，专利布局就会变身最牢固的铠甲来为企业遮挡"明枪暗箭"。

案例三：三星专利授权量曾经连续五年排名第一。三星除了占据终端的制高点之外，还拥有全球领先的芯片、面板、电池等技术，这些领域超高的技术含量，不仅让三星在整个产业链上拥有非常充分的话语权，而且让三星的企业专利布局也日趋完善。三星采用的就是专利布局中的"地毯式布局"，通过进行充分的专利挖掘，获得大量的专利，围绕某一技术主题形成牢固的专利网，能够有效地保护自己的技术，阻止竞争者进入。一旦竞争者进入，还可以通过专利诉讼等方式将其赶出自己的保护区。如此一来，三星坐拥那么多专利，一旦许可他人使用，每年仅靠大量专利就可以取得丰厚的专利使用费。

企业专利布局能"守"也能"攻"，建立一个完善的企业专利布局在企业发展中有着举足轻重的地位。可能有的初创企业会觉得自己没有办法和微软、Facebook、三星等大公司相提并论。但是大家莫忘，再大的公司都是从最开始的小公司起步的，而且就连微软这样的企业都如此看重专利布局，何况一个刚起步的公司呢？专利布局对于一个互联网初创企业来说，就像学步儿童身后慈爱父母的双手，垂暮老人手中的拐杖，攀登高峰勇者腰上的安全绳索。因此，对于互联网初创企业来说，构架一个严密而完善的专利布局是非常重要的！

（来源：根据"派代网"2015年7月14日《专利布局给企业带来几亿利润的案例》改写）

第十六章　融合资本，金融支撑

——激发企业持续发展的活力

利用资本手段开拓市场版图，这不失为当前企业领导们的最佳选择。融入全新的商业基因和增长动力，改造传统产业的发展模式，利用资本融合，获得资金支持，可以激发企业的潜在活力。

如何理解当前的互联网金融和资本市场

中国互联网金融公司从 2013 年 6 月到 2015 年 4 月涨幅接近 40 倍，"互联网＋"的指数整体增长 600%。二级市场的议价更高，并推动了一级市场，进一步在反向引导更多的企业以及更多的创业者进入这个领域。同时整个行业高速发展的背景，带来的是"大众创业、万众创新"的景象。中国互联网金融与中国多层次资本市场契合了目前国家提出的"互联网＋"与"大众创业、万众创新"的顶层设计理念。

所谓互联网金融，就是互联网技术和金融业务进行全面的交互、关联、延展和创新而形成的一种新型金融模式。中国互联网金融在 2012 年掀起发展热潮。2012 年，中国银联的交易额是 21.8 万亿元，中国证券交易所（包括上海与深圳）的交易额是 31 万亿元，中国工商银行网上银行交易额为 330 万亿元。通过阿里巴巴进行交易的是普通商品，而通过银联、工商银行、证券交易所交易的是特殊商品，即金融商品，互联网金融以润物细无声的方式进入了我们的生活。然而当时的互联网金融只是金融行业的互联网化，是将部分或者全部金融业务通过互联网来完成，如招商银行的网上银行、易保在线的网络投保、证券交易的电子化等。2013 年，中国互联网金融行业出现爆发式的增长，该年也被业界称为"互联网金融元年"。进入 2014 年以来，互联网金融在我国依然呈现出飞速发展的态势，无论在发展规模还是对传统金融业的冲击和重塑方面，都引起了全社会的广泛关注。

深圳互联网金融协会秘书长曾光表示，2015 年将成为资本市场和互联网相结合的元年。很多互联网公司因为竞争的需要，迫切需要品牌的注入、资本的注入和资源的注入，也需要和包括上市公司在内的一些资本市场主体来结合。他指出，互联网金融在整个行业里要迎来一个联盟整合，其中包括建立一级市场和二级市场。一级市场基于互联网的财富管理，P2P 可以定义为资产证券化的平台；二级市场基于海量用户提供征信数据和核心服务的公司，根据已有数据提供供应链金融服务等，就上市公司和投资机构来讲，初期投资一些互联网金融企业，可在体外并购，形成一二级市场联动。

中国资本市场是多层次组成的，大致包括主板、中小板、创业板和新三板，这之下还有上万家的 PE 和 VC，以及越来越多的天使投资人和现在快速发展的互联网金融。可见互联网金融是中国多层次资本市场的组成部分。

一个更有效率的资本市场应该具备四个条件：一是更加容易的市场准入，让人们能够更好地参与市场行为；二是让每一个人知道买的卖的是什么；三是降低贸易的成本，这样可以推动流动性发展；四是更好的定价。互联网金融符合这四个条件，可以创造流动性，进而推动中国资本市场的发展，会代替很多传统的 OTC 市场（场外交易市场，又称柜台交易市场或店头市场）。互联网金融具备勇往直前的创新精神，资本市场则是一个创新不断的场所，这两者的融合将推动多层次资本市场建设再上新台阶。

事实上，互联网金融和资本市场两者的互动关系，在现实中不乏其例：某工业区有很多孵化基地，其中有一个很小的孵化基地，工作人员不到 10 人，资本市场已经估值将近 2 亿元人民币，可以想象资本市场给互联网金融估值是非常大的。事实上，不管是一级市场还是二级市场，对互联网金融本身企业的估值非常高，也非常看重。因为互联网金融空间太大了，市场空间很大，增长速度非常快，不管一级市场还是二级市场都给它很高的估值。由此也可以看出现在是互联网金融创业、投资、并购、上市、产业整合的一个非常好的时间点。

当前的"互联网＋金融"格局，由传统金融机构和非金融机构组成。传统金融机构主要为传统金融业务的互联网创新以及电商化创新、APP 软件等；非金融机构则主要是指利用互联网技术进行金融运作的电商企业、P2P 模式的网络借贷平台、众筹模式的网络投资平台、挖财类（模式）的手机理财 APP（理财宝类）以及第三方支付平台等。

中国金融业的改革是全球瞩目的大事，尤其是利率市场化、汇率市场化和金融管制的放松。而全球主要经济体每一次重要的体制变革，往往伴随着重大的金融创新。中国的金融改革，正值互联网金融潮流兴起之时，在传统金融部门和互联网金融的推动下，中国的金融效率、交易结构，甚至整体金融架构都将发生深刻变革。

随着信息通信技术和互联网的发展，互联网金融信息对金融市场的影响已经越来越不容忽视。某一个新事件的发生或者是网络上对某只股票的热议都在很大程度上左右着金融实践者的行为，同时进一步影响着股市变化的趋势。另外，在金融市场中，传统金融市场的影响因素同样发挥着巨大的作用。

据《中国互联网金融行业市场前瞻与投资战略规划分析报告前瞻》分析，在中国，互联网金融的发展主要是监管套利造成的。一方面，互联网金融公司没有资本的要求，也不需要接受央行的监管，这是本质原因；另一方面，从技术角度来说，互联网金融虽然具有自身优势，但是要考虑合规和风险管理（风控）的问题。

从政府不断出台的金融、财税改革政策中不难看出，惠及扶持中小微企业发展已然成为主旋律，占中国企业总数98%以上的中小微企业之于中国经济发展的重要性可见一斑。而从互联网金融轻应用、碎片化、及时性理财的属性来看，其相比传统金融机构和渠道而言，更易受到中小微企业的青睐，也更符合其发展模式和刚性需求。

当前，在 POS 创富理财领域，以往不被重视的大量中小微企业的需求，正被拥有大量数据信息和数据分析处理能力的第三方支付机构深度聚焦。随着移动支付产品推出，这种更便携、更智慧、更具针对性的支付体验必将广泛惠及中小微商户。业内专家认为，支付创新企业将金融支付彻底带入"基层"，也预示着中小微企业将成为互联网金融发展中最大的赢家，这对于中国经济可持续的、健康稳定的发展也有着重要且深远的意义。

大资本融合时代的资本运作理念

在移动互联网时代，企业家若没有互联网商业模式的思维意识，就难以实现自己的雄心抱负。大资本融合时代，企业家若没有完整科学的资本运作理念，就无法构建一个企业的明天。即便一个公司的产品可以走在科技的前端，甚至引起全球的时尚潮流，也要不断地创新和改变，以便为客户提供最多的价值体验，迎合消费者不断提高的沟通需求与时刻革新的消费习惯。面对人们沟通方式与消费支付习惯的改变，企业如果不顺势而立新，很可能在时代新浪潮下被淘汰。

我们先来看看资本市场在企业生命周期各个阶段的作用。

资本是企业的血液，是企业经济活动的第一推动力和持续推动力。企业的创立、生存和发展壮大，必须以一次次融资、投资、再融资为前提。在企业生命周期的不同发展阶段，由于企业所处环境不同，面临的财务特征和风险特征也不尽相同，从而直接影响到企业投融资方式的选择。一般来说，企业生命周期要经历四个阶段：初创阶段、成长阶段、成熟阶段、衰退阶段，如图 4-2 所示。

在初创阶段，可通过创业板 IPO 获得企业成长所需的资金。IPO 是风险投资最佳的退出渠道。在成长阶段，可通过主板市场 IPO 获得巨额运作资金，实现股东与管理层价值最大化。上市前可通过发行企业债进行融资，在不稀释股本的同时募集资金用于企业发展。在成熟阶段和衰退阶段，完成 IPO 上市的公司，可利用重组、并购等资本运作手段，将衰退期转变为又一个成长期。

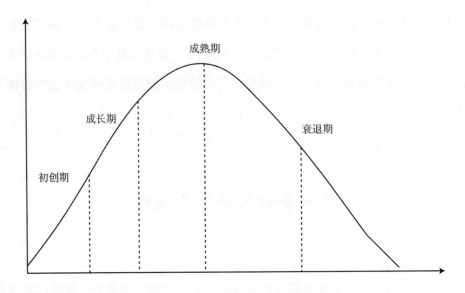

图 4 - 2　企业生命周期一般模型

　　企业初创期的融资战略有四条实施路径：一是重视融资风险控制。企业创立人与投资者在确定投资前应磨合两者在企业运营理念方面的差异，创立人应消除投资人对初创企业的顾虑，化解因投资资金运用分歧所引致的风险。初创企业应在创业计划书中明晰企业投资价值、盈利模式及远景发展规划等内容，将其团队的基本运营理念公示给投资者，以建立双方真诚与坦率合作的基础。二是谨慎选择股权投资人，以借助其商业网络整合其供应链和营销渠道，通过实现企业长期利益最优化的方式使投资者的投资收益最大化。三是应统筹考量其战略目标下企业实际资本需求量及融资规模。初创期企业经营水平有限，企业发展前景不确定性强，故投资人更为偏好分阶段投资模式。而企业创立人则期望通过分阶段融资确保其对企业的实际控制权。四是初创企业的财务风险防范能力普遍较弱，资金链断裂是初创期企业面临的主要风险。资金链断裂通常是企业经营者缺乏对投资与融资的有效平衡能力所致，资金链断裂后的融资失败则将直接导致企业申请破产。再者，初创企业在与投资人签订投资协议时应当审视投资先决条件、投资收益率对赌条款及投资退出条款等关键内容，审慎对待协议中可强化己方责任的未决事项所引致的或有负债。

　　企业成长期的融资战略有四条实施路径：一是实施债权性融资战略的首要前提是

预测债权融资所对应的投资项目的资产收益率水平高于债权融资利息率水平。二是明确成长期企业的投融资方向，选择适合培养企业产品核心竞争力的投资项目展开融资。成长期企业应当集中投资资本于企业优势项目，不可盲目实施多角化经营，分散投资力量。三是对有实力的成长期企业可采取上市融资战略，通过上市直接融资规避债权融资的苛刻条件限制，获取充分的资金运用自由权。四是降低对所有者的现金收益分配率，将所有者权益资产集聚以用于企业长期发展所需。为满足企业所有者适当股权分红的诉求，企业可采取低现金股利匹配送股、配股的方式进行分红。

企业成熟期的融资战略应考虑如下因素：一是保持适度外源性债权融资以提升企业财务稳健发展水平。企业可根据投资项目的具体收益率水平选择适当的外源性债权融资方式，以提升企业的权益净利率水平。二是应采取保留适度资本公积金及资本公积金转增股本的方式来满足企业的内源性融资需求。三是融资资本的投资风险控制应当采取分散风险策略，实施以企业传统优势产品为核心的同心多角化投资策略，将融资资本用于对传统优势产品的优化升级，以拓展产品线的方式开发新产品等领域。

企业衰退期的融资战略实施路径主要是优化资本结构，扭转企业财务困境。衰退期企业可采取压缩不良资产、回收投资资本的方式筹措发展新业务所需的资金。企业主营业务产品或服务的市场份额衰退是导致企业进入衰退期的主因，这时可通过变卖不良资产或资产重组的方式削减衰退期产品或服务项目，集中企业资源用于开拓新业务，以促进企业进入新的生命循环周期。衰退期企业应当采取内源权益融资战略，通过减少银行贷款、发行债券等融资额度压缩资产负债率水平，转而采取以盈利充实资本金，发行股票扩充资本的方式以改进资本结构，预防主营业务下滑所引致的财务危机。

总的来说，企业的发展是有生命周期规律的，各阶段融资战略的制定和实施要在分析其所处的内外环境和现有资源的基础上展开。

我们再来看看发行股票上市对企业发展的意义。

发行股票能够打开融资渠道。争取首次公开发行股票并成功上市是企业解决资金问题的最好方法。企业不但可以通过首次发行募集到大量资金，还可以通过再融资得到更多的资金来源。

发行股票可以提升企业价值。能上市的企业往往是行业里的佼佼者，知名度的提升带给企业的是无形价值和品牌效应，有助于提高企业的信用等级，降低企业从银行借贷和发债的成本。此外，企业上市后规模扩大，资金较充足，有利于通过资金的良性循环实现资产增值。

发行股票促使企业规范运作，建立现代企业制度。上市公司形成股东授权、董事决策、经理经营、监事监督的权力制衡机制；独立董事也成为把关公司治理结构质量的重要角色；上市对企业独立运营能力和持续生产能力有高标准的要求；规范的治理结构可以提高企业管理水平，降低经营风险。

发行股票有助于股权流通与增值。企业上市不仅迅速提升了股东的财富价值，也为股东构筑了良好的退出平台；对国有企业而言，上市是国有资产保值增值的有效手段。

总之，在移动互联网时代，企业必须要构建自己强大的商业模式，坐上资本运作的电梯，才能成为时代的推动者和佼佼者。

中小企业对接多层次资本市场的三个路径

中小企业往往处于成长阶段，依靠自身积累难以满足其资金需求，外部融资成为必由之路。那么，中小企业如何对接多层次资本市场？有以下三个路径可以选择，如表4-6所示。

表4-6　中小企业对接多层次资本市场的三个路径

路　径	操作要领
借助不同层次资本市场多次融资	目前我国的多层次资本市场体系设计为五个层次：第一层次为主板市场（包括中小板）；第二层次为创业板市场；第三层次为新三板市场；第四层次为区域股权交易中心；第五层次为产权交易所。公司的不同发展阶段适用不同层次的市场融资 一般中小型企业利用多层次资本市场基本有四种思路。一是对于成熟型公司来说，直接到主板，包括中小板上市，当然，这条路径要求发行前股本总额不少于3000万元人民币，发行后股本总额不少于5000万元人民币，比较适合具备较高盈利基础，拥有一定的资产规模，且需存续一定期限，具有较高成长性的大中型企业。二是到创业板上市，这条路径比较适合处于成长期，规模较小，有一定盈利能力，成长性高，发展潜力巨大的自主创新企业及其他成长性创业企业。三是从低层次市场进入资本市场，根据企业的成长状况、公司治理的完善及投资者结构的完善情况，通过逐级转板的方式，从低层次市场逐步转到高层次市场。这条路径较为稳妥，可以借助不同层次的资本市场，多次融资，解决企业在不同发展层面和不同发展时期的资本需求。四是引入天使投资、VC和PE，天使投资适用于刚刚起步的初创型公司，甚至是一些只有一个Idea的公司，进而在这个过程中不断引入投资的方式
初创型企业可考虑上"新三板"	初创型企业由于财务等方面的限制，很难直接在主板或创业板上市，此时可选择先在新三板上挂牌。新三板全称全国中小企业股份转让系统，是经国务院批准设立的全国性的场外市场。那么，究竟哪些中小企业比较适合在新三板挂牌呢？如果你的企业已完成产品研发和小规模生产，需要扩大产能、开拓市场，或者具备一定的生产能力和盈利能力，但缺乏资金，难以达到人才和管理的提升，无法实现快速成长，都可以抓住机会上新三板。再就是拟上市企业，但在财务、业务、公司治理等方面存在不足，需要整改规范，未来两三年即可符合上市条件，需要快速发展和提前适应资本市场的上市后备企业，也可以先去挂牌，为以后的上市做好准备 相比其他资本市场，上新三板具有挂牌快、时间短、费用低等优点。挂牌后也能带来一系列的好处。比如提高公司融资能力和规范运作水平，提升企业公众形象和认知程度，吸引优秀人才等，更重要的是转板机制——IPO，新三板坚持开放发展的市场化理念，充分尊重企业的自主选择权，企业根据自身发展的需求，可以自主选择进入不同层次的资本市场。当然，上新三板也要求企业具备一定条件。首先必须依法设立且存续满两年；其次公司业务需明确且具有持续经营能力；再次要求公司管理机制健全，合法规范经营，股权明晰，股票发行和转让行为合法规范；最后还需要主办券商推荐并持续督导

路　径	操作要领
选择风投	若企业尚未具备上市条件，又需要融资发展，那么毫无疑问要走的道路就是找风投了。风险资本市场不同于传统的投资方式，它集金融服务、管理服务、市场营销服务于一体，为企业从孵化、发育到成长的全过程提供融资服务，使很多中小企业得以跨越式发展 目前风险资本市场主要有天使投资、VC 投资和 PE 投资，三种投资不尽相同。天使投资是种子公司的最佳融资对象，因为哪怕你只有一个 Idea，也可能获得天使投资。但由于其高风险性，一次性投资额一般较少。天使投资人的典型代表有浙商、苏商等沿海发达地区的商人，他们承担着创业中的高风险也享受创业成功后的高收益。VC 投资主要在公司成长期投入风险资本，待其发育相对成熟后，通过市场退出机制将所投入的资本由股权形态转化为资金形态，以收回投资。对于企业来说，风险资本为其提供急需的资金，保证了创业对资金要求的连续性。此外，风险资本市场为创新企业的产权流动和重组提供了高效率、低成本的转换机制和灵活多样的并购方法，促进创新企业资产优化组合，并使资产具有了较充分的流动性和投资价值。PE 即私募股权投资，主要指对已经形成一定规模的，并产生稳定现金流的成熟企业的私募股权投资部分。和 VC 相比，PE 更着重于企业成长与扩张后期，可以是高科技企业也可以是传统行业

如今，中国多层次资本市场体系架构已初步建立，中小企业改制上市正面临历史最好时机，企业领导者都应该抓住机遇，用好机遇。

创业企业如何避开早期融资误区

对于创业企业来说，融资是一件无法绕开的大事，而创业的成功往往离不开投资人的支持。但是在早期融资方面，创业企业的创始人往往存在很多误区。

误区一：创始人股权分配平均，股权过于分散。

很多创业者认为，几个创始人平均分配股权可以让大家共同奋斗，不会产生利益方面的争执。其实不然，创业公司最大的优势就在于高效的执行力和灵活性，而创始人在这个过程中往往处于中心位置。所有成功的企业几乎都有一个非常特别的创始人，微软、苹果、Amazon 等无不如此。早期阶段，他们就代表着公司，是他们在驱动着公司不断向前发展。而这种驱动力不仅来自于自身的责任，更来自于"一切我说了算"的决策权。如果几个创始人股权平均太过分散，那么势必影响其决策效率。此时创业公司最大的优势——执行力和灵活性就已丧失。

误区二：关注钱而忽视了资金背后的投资人。

谈到融资，当然要关注钱。创业者与投资人的联结就像婚姻，与不适合的投资人联姻，很可能会毁掉创业项目。因此，要关注资金背后的投资人，关注他们的行业背景、他们所拥有的资源以及他们投资的项目，看看是否能给自己带来真正的价值。投资人看一个项目，往往需要对这个项目及其团队骨干做一个非常详细的尽职调查；同样，作为创业者，在寻找投资时，也需要对资金背后的投资人做个类似的尽职调查。

误区三：团队没有磨合就融资。

正如我们上面所说，投资人看一个项目，往往需要对项目和团队进行全面的尽职调查。很多投资人甚至只看团队，团队靠谱，选择的项目也不会太差。因此，在打算融资前，先把团队磨合好是必要的前提。

误区四：没有测算成本就开始融资。

对于创业者来说是融资，但是对于投资人来说就是投资。投资讲求投资回报率，因此，了解所投资项目的成本至关重要。同时，对项目成本的详细测算，不仅是自身内部管理的必需，更是融资的依据。

误区五：在资金流快断掉时才开始融资。

如果说资本是社会经济发展的血液，那么资金流就是一个企业继续运转的前提。投资人的投资往往是创业企业在初期阶段的唯一资金来源，因此更应该时刻关注自己的资金流。提前做好融资的准备不仅给予自己更多的选择余地和更大的议价能力，同时给投资人充足的时间。因此，融资应该在资金充足时就开始打算。

误区六：同时向所有认识的投资人融资。

这种思想和刚出校门的学生们寻找工作一样，认为广撒网能多捕鱼。然而事实上，广撒网意味着对自己的真实需求不清楚，对投资人的需要不了解。没有目的、没有方向的船无论运行多快，别人永远不知其将抵向何方。因此，寻找适合自己的投资人才是真正的王道。

误区七：外部股东控股。

投资人只会投符合自己投资回报率的项目，如果外部股东控股了一个项目，那么这个项目的前景无疑大打折扣。投资人不能够确定，项目是按照创始团队的方向前进还是向控股股东的方向前进。

误区八：盲目乐观估值过高。

对于寻找投资的创业团队来说，能获得一个较高的估值不仅是对自己价值的一种肯定，更是其前进的驱动力之一。但是对于一个还没有产生收入的早期创业项目来说，其估值往往取决于发展到下一阶段的成本。创业公司最后的价值则更多体现在被收购或者上市阶段。

为了避开创业企业早期融资误区，在融资方向的选择上应该注意以下几点：

首先，一定要选择一个大市场，但是必须找到一个小的切入口。从小的领域入手并将其做到极致，这样就拥有了自己的独特优势。在资源、市场等其他条件成熟后再做相关领域的拓展就顺理成章。

其次，要判断发展趋势。在如今信息相对发达的情况下，把握大的趋势并不算太困难，关键在于选择切入趋势的时机。我们曾说 Instagram 的成功只不过是在正确的时间、正确的地点做了一件初看起来不一定正确的事情。把握住这个正确的时间、正确的地点，一切都可能水到渠成。

最后，所选项目需要有自身的独特性，借鉴而非抄袭。

另外，在团队建设方面，团队创始人最好在 2~3 人；创始人之间能力要能互补；创始人的分工务必明确；创始人之间的股权分配要合理，股权分配要能体现高效的决策机制。

创业是一个不断验证可能性的过程，高效的决策机制与执行力是其获得快速成长的必要条件。而避免这些早期融资常犯的错误将给创业企业注入更多新鲜健康的血液。

案例分析：建恒公司通过融资租赁盘活固定资产

广州建恒机电设备安装有限公司（以下简称建恒公司）是一家专门从事轨道交通建设的劳务和技术服务的民营企业。由于施工设备昂贵，建恒公司从2010年开始，一直靠租用别人的设备进行隧道施工。就在建恒公司为融资而苦恼时，广州市全通融资租赁有限公司（以下简称全通租赁）找到了建恒公司。在详细了解建恒的融资需求后，全通租赁给出了"售后回租"的合作方案，即全通租赁出资购买建恒需要的盾构机等大型工程设备，再返租给建恒公司使用，建恒公司按合同约定分期还款。采用这种融资租赁的方式，全通租赁为建恒公司盘活资产价值7000多万元的两台盾构机，并将此用于广州地铁建设中。

"小微企业资金不宽裕，只能往轻资产方向发展，盾构机每挖掘一米大约交纳租金6000~8000元，同时租用还有期限，超期就得收回，而且还要收取闲置费，压力非常大。借助全通租赁，我们缓过气来，现在已经在南昌投第三个标了。"建恒公司负责人说。

全通租赁是广州市城投投资有限公司下属公司，注册资本5000万美元，业务规模近50亿元人民币，业务主要涉及地铁、飞机、大型机械设备等领域。为何国资背景融资租赁公司却偏爱中小微企业？全通公司相关负责人说，目前融资最困难的还是中小微企业，许多经营有序、信用良好的中小微企业，在传统的融资途径面前困难重重。融资租赁是与实体经济结合最紧密的金融样态，全通租赁希望通过融资租赁的形式，在风险可控的前提下，更好地服务业绩优良的中小微企业，促进实体经济更好更快的发展。

据广州市商务委统计，截至2015年年底，全市共有融资租赁企业165家，其中外商投融资租赁企业160家，注册资本合计103.1亿美元；内资融资租赁企业四家，注册资本合计 13.7 亿元人民币；金融租赁企业一家，注册资本为 10 亿元人民币。广州融资租赁业内人士表示，从单机单船的运作到帮助小微企业转型升级，广州融资租赁正在渗透到不同的领域。

从全通融资租赁与恒建公司合作盘活大型设备的案例中，可以看到融资租赁企业正在以不同的形式为中小微企业发展注入新动力。

（来源：根据"微信公众平台【金融·案例】"2015 年 12 月 31 日《小微企业借力融资租赁盘活 7000 万元资产》改写）

参考文献

1. 胡志刚，赵效. 中国企业核心竞争力经典［M］. 北京：经济科学出版社，2003.

2. 包晓闻，刘昆山. 企业核心竞争力经典案例：美国篇［M］. 北京：经济管理出版社，2005.

3. 吴一凡. 商道有道：人人须有商道思维［M］. 上海：文汇出版社，2011.

4. 陈云. 把责任落实到位［M］. 北京：中国华侨出版社，2010.

5. 李永宁. 李嘉诚：成功没有偶然［M］. 北京：中国华侨出版社，2014.

6. 刘练. 占道——位置为王时代下的制胜法则［M］. 北京：中国财富出版社，2013.

7. ［日］松下幸之助. 经营的本质［M］. 张红，清光译. 海口：南海出版社，2010.

8. ［美］史蒂文·科迪，理查德·哈特. 成为顾客的问题解决专家［M］. 吴雄江译. 北京：机械工业出版社，2004.

9. ［美］里德·霍夫曼，本·卡斯诺瓦. 至关重要的关系［M］. 钱峰译. 北京：北京联合出版公司，2013.

后　记

在经济新常态下，企业只有掌握企业命脉，通过技术创新、产品创新和商业模式创新，加快转型升级，打造竞争新优势，才能在未来市场中具有竞争力。作为企业领导者和肩负责任与使命的企业总裁，需要进行全方位的商道修炼，全面掌握商道智慧中的管理之术、经营之道、领导之方。这是一个没有止境的学习过程，在这个过程中，企业总裁会历经人格锤炼，丰富管理经验，逐步打造出基业长青的企业。完成这个"内圣外王"的修炼，是企业总裁的个人之幸，也是企业之幸，更是中国经济腾飞之幸。

本书在写作过程中，得到了许多专业人士的支持，尤其是得到了企业培训讲师的热情帮助。正是由于他们的答疑解惑，笔者才在写作过程中排除了困扰，最终使本书得以完成。在此，对他们表示深深的感谢！

在写作过程中也参考了大量理论和案例文献，有识之士的思想给我以启迪，成功者的经验让我钦佩。再次感谢你们的关注和支持！